rowohlts monographien
begründet von Kurt Kusenberg
herausgegeben
von Wolfgang Müller und Uwe Naumann

Jeanne d'Arc

mit Selbstzeugnissen
und Bilddokumenten
dargestellt von
Herbert Nette

rowohlts bildmonographien

Rowohlt

Dieser Band wurde eigens für «rowohlts monographien» geschrieben
Den Anhang besorgte der Autor
Die Bibliographie wurde 2000
von Brigitte Haertel überarbeitet und ergänzt
Herausgeber: Kurt Kusenberg · Redaktion: Beate Möhring
Schlußredaktion: K. A. Eberle
Umschlagentwurf: Werner Rebhuhn
Vorderseite: Jeanne d'Arc zu Pferde. Miniatur, 15. Jahrhundert.
Musée Dobrée, Nantes (Foto: Giraudon)
Rückseite: Maria Falconetti in der Titelrolle des Films
«Johanna von Orléans», Regie: Carl Theodor Dreyer
(Deutsches Institut für Filmkunde, Wiesbaden)

Veröffentlicht im Rowohlt Taschenbuch Verlag GmbH,
Reinbek bei Hamburg, Mai 1977

Gesetzt aus der Linotype-Aldus-Buchschrift
und der Palatino (D. Stempel AG)
Gesamtherstellung Clausen & Bosse, Leck
Printed in Germany
ISBN 3 499 50253 4

10. Auflage August 2002

Inhalt

Johanna. Stich von L. Gaultier, 1612

HERKUNFT UND KINDHEIT

Zwischen Tatsache und Legende zu unterscheiden – diese Schwierigkeit, vor die sich jeder Biograph der Jeanne d'Arc gestellt sieht, beginnt schon bei der Schilderung ihrer Kindheit. Bereits ihre Geburt, die angeblich in der Epiphaniasnacht stattgefunden hat, läßt die Phantasie späterer Chronisten von märchenhaften Begebenheiten begleitet sein. Hier, wo es zunächst um die Tatsachen geht, müssen wir uns an das halten, was sie selbst in ihrem Verurteilungsprozeß angegeben hat und an die Aussagen von mehr als zwanzig glaubwürdigen Zeugen, unter ihnen ein Pate und drei Patinnen Johannas, beim Rehabilitationsprozeß.*

Mit Sicherheit steht danach fest, daß sie in Domremy geboren wurde, einem kleinen Dorf am linken Maasufer im Lothringer Hochland. Der Stammesart nach lothringisch war auch die Bevölkerung, obwohl der Ort damals politisch zur Grafschaft Champagne gehörte. Johanna wuchs also im östlichen Grenzgebiet des Königreichs Frankreich auf, denn die Grafschaft Toul jenseits des Flusses gehörte wie das angrenzende Herzogtum Lothringen zum Heiligen Römischen Reich.

Ungewiß ist dagegen ihr Geburtsdatum, als das gewöhnlich der 6. Januar 1412 angesehen wird. Dafür spräche ihre Aussage beim ersten Verhör am 21. Februar 1431: *Ich glaube, ich bin ungefähr 19 Jahre.*[1]** Am nächsten Tag indessen antwortete sie auf die Frage, wie alt sie gewesen sei, als sie – zwei Jahre zuvor – ihr Elternhaus verließ, das wisse sie nicht. 1429 wirkte sie auf ihre Begleiter wie ein Mädchen von sechzehn Jahren. Beim Prozeß schätzten manche ihr Alter auf zwanzig, andere auf achtzehn oder gar siebzehn Jahre. Nach diesen unterschiedlichen Angaben wird man ihr Geburtsjahr zwischen 1411 und 1413 ansetzen können.

Über ihre Herkunft und ihr Leben im Elternhaus sind wir spärlich, aber zuverlässig unterrichtet. Der Vater, Jacques d'Arc, stammte aus der Champagne und besaß einen kleinen Wirtschaftshof mit Weideland. Einige Jahre lang war er Vorsteher seiner Gemeinde. Die Lebenshaltung der Familie wird man sich danach bescheiden, aber nicht ärmlich vorzustellen haben. Die Mutter Isabelle, genannt Romée, stammte aus einem

---

* Die Prozeßprotokolle sind, wie es in der damaligen Amtssprache üblich war, in indirekter Rede abgefaßt. Im folgenden sind die Zitate, wie schon bei anderen Übersetzern, in die direkte Rede zurückübersetzt, die weniger umständlich ist und unmittelbarer wirkt.

** Die hochgestellten Ziffern verweisen auf die Anmerkungen S. 142 f.

Das Elternhaus in Domremy

Dorf unweit von Domremy. Einer ihrer Brüder war Pfarrer in der Champagne. Johanna hatte drei Brüder, die älter waren als sie: Jacques (Jacquemin), Jean und Pierre. Alle galten in ihrem Dorf als gute Katholiken. Gelegentlich ist auch von einer früh verstorbenen Schwester die Rede.

Getauft wurde Johanna in der Dorfkapelle, die neben ihrem Elternhaus lag. Als Kind wurde sie Jeannette gerufen. Sie half bei der Hausarbeit, führte manchmal das Vieh auf die Weide und hütete mitunter auch, wenn ihre Brüder nicht da waren, die Schafe. In ihrem Prozeß legten es die Richter darauf an, sie als Schafhirtin oder gar als Bauernmagd zu bezeichnen. Das war sie, schon nach ihrer Stellung in der Familie, bestimmt nicht; übrigens bedeutet «pucelle» nicht nur unberührte Jung-

Johanna. Kolorierter Holzschnitt, 16. Jahrhundert.
Bibliothèque Nationale, Paris

Bei der Schafschur. Miniatur, 16. Jahrhundert. Musée Cluny, Paris

frau, sondern auch Hausjungfer. So wehrte sich Johanna heftig gegen die niedere soziale Einstufung. Sie betonte, daß sie hauptsächlich den Haushalt besorgt habe. *Im Spinnen und Nähen brauche ich den Vergleich mit keiner Frau aus Rouen zu scheuen.*[2] Auf die Frage, was sie sonst gelernt habe, antwortete sie: *Von der Mutter habe ich das Vaterunser, das Ave Maria und das Credo gelernt. Nur sie hat mich im Glauben unterwiesen.*[3] Im Rehabilitationsprozeß wird sie von allen Zeugen als fleißig, bescheiden, barmherzig und sehr fromm beschrieben.

In der Nähe von Domremy gab es am Rand eines bewaldeten Hügels eine sehr alte, breitästige Buche und einen Brunnen, dessen Wasser man für heilkräftig hielt. Die Buche galt von alters her als ein Ort, an dem sich Feen aufhielten. Im Frühjahr gingen die Jungen und Mädchen dorthin, tanzten und sangen und legten Blumen und Kränze nieder. «Johanna ging mit den anderen Mädchen dorthin und machte es wie die anderen Mädchen auch»[4], sagte später einer ihrer Altersgenossen, und ein anderer erinnerte sich: «Oft, wenn wir miteinander fröhlich waren, ging Johanna beiseite und betete, wie mir schien, zu Gott. Dann machten wir, ich und die anderen, uns über sie lustig.»[5]

Die Sache mit dem Feenbaum wäre nicht erwähnenswert, wenn Johannas Richter nicht versucht hätten, sie hier bei einem heidnischen Hexenglauben zu ertappen. Indessen antwortete sie ganz unbefangen: *Ja, nahe bei Domremy ist dieser Baum, welcher Baum der Herrinnen, von anderen Baum der Feen genannt wird. Nahe dabei ist eine Quelle, von der es heißt, daß die Kranken von ihrem Wasser trinken, um gesund zu werden. Aber ich weiß nicht, ob sie davon genesen oder nicht. Es ist ein großer Baum, wo der schöne Mai grünt; er gehört dem Ritter Pierre de Bourlemont. Manchmal ging ich dorthin mit den anderen Mädchen spazieren und wand Kränze für das Bild unserer Lieben Frau von Domremy. Die Alten erzählten, daß die Feen dort ihr Wesen trieben. Aber ich weiß nicht, ob das wahr ist oder nicht. Ich wüßte nicht, daß ich jemals Feen bei dem Baum gesehen hätte.*[6]

Ein Mädchen vom Lande, wie andere auch, vielleicht etwas frömmer – nichts, was von Johannas Kindheit überliefert ist, deutet auf ihr künftiges Schicksal hin. Wie kommt es, daß sie dann plötzlich «Stimmen» hört, und was hat es mit diesen Stimmen auf sich?

Zunächst muß die Umwelt, in der sie aufwuchs, skizziert werden, denn nach dem bisher Gesagten könnte man an ein ländliches Idyll denken. Das Gegenteil war der Fall.

Wenn es auch nicht die Aufgabe dieser Darstellung ist, die Geschichte Frankreichs zu Beginn des 15. Jahrhunderts auszubreiten, so muß doch die damalige politische Situation in großen Zügen erklärt werden.

1328 war der letzte Kapetinger, Karl IV. der Schöne, kinderlos gestorben. Daraufhin hatte der englische König Eduard III., der mütterlicherseits ein Enkel Philipps IV. des Schönen von Frankreich war, Anspruch auf die französische Königskrone erhoben. Da in Frankreich die weibliche Erbfolge nicht galt, lehnten die Generalstände die Erbforderung ab und erklärten sich für Philipp VI. von Valois. In der Folge kam es zu dem mehr als «hundertjährigen Krieg» (1339–1453) zwischen England und Frankreich, in dessen Verlauf die Engländer zeitweilig einen großen Teil Frankreichs besetzten.

1346 landete Eduard III. mit 1000 Schiffen, 4000 Rittern und 10000 Bogenschützen in der Normandie. Seine Armee war damals die modernste in Europa, und der Krieg war in England populär, weil Westfrankreich ein reiches Land war und reichliche Beute versprach. Indessen gelang es Karl V., der von 1364 bis 1380 regierte, fast alle von den Engländern besetzte Gebiete zurückzuerobern.

Nach seinem Tode kam es in Frankreich zu innerpolitischen Wirren. Sein Sohn Karl VI. war erst zwölf Jahre alt, als er an die Regierung kam. Seine Onkel Philipp von Burgund und der Herzog Karl von Orléans begannen einen Kampf um die Macht, der 1411 zum offenen Bürgerkrieg zwischen den Bourguignons und den Armagnacs (so genannt nach Bernhard von Armagnac, einem Führer des französischen Widerstands gegen Burgund) ausartete. 1419 wurde Herzog Johann ohne Furcht von Burgund von Orleanisten, angeblich im Einverständnis mit dem Dauphin Karl, ermordet. Daraufhin trat Burgund auf die Seite der Engländer über, denen es schon 1415 durch ihren Sieg in der Schlacht von Azincourt gelungen war, die ganze Normandie zu erobern.

Karl VI., bei dem sich schon seit Jahren Symptome von Wahnsinn gezeigt hatten, war mit Isabeau von Bayern, einer ausschweifenden und intriganten Frau, verheiratet. Sie erreichte es, daß er im Vertrag von Troyes 1420 seinen Sohn als illegitim erklären ließ und ihn enterbte. Für König Heinrich V. von England, verheiratet mit Katharina, der Tochter Karls VI. und der Isabeau, war dies ein Anlaß, erneut und verstärkt Anspruch auf den französischen Thron zu erheben. Als zwei Jahre später im Abstand von nur drei Monaten sowohl Heinrich V. wie Karl VI.

Hirtin Johanna. Skulptur in der Kirche von Arques

starben, riefen die Engländer den noch nicht einjährigen Heinrich VI. zum König von Frankreich aus, die meisten der französischen Fürsten den Dauphin Karl VII.

In den nächsten Jahren eroberten die Engländer und Burgunder Paris und das übrige Frankreich bis zur Loire-Linie und begannen am 7. Oktober 1428 die Belagerung von Orléans, dem letzten Bollwerk gegen ihr Vordringen in das Gebiet südlich der Loire. Die Stadt wehrte sich um so heftiger, als ihr Herr, Karl von Orléans, in englischer Gefangenschaft war, aber die Lage schien für Frankreich und Karl VII. fast aussichtslos. – Johanna war damals sechzehn oder siebzehn Jahre alt.

Lothringen war von den Wirren des Kriegs und Bürgerkriegs, von räuberischen Überfällen, Plünderungen und Brandschatzungen nicht ganz verschont geblieben. Mehrmals wurde die Bevölkerung durch nächtlichen Alarm, durch die Sturmglocken aus dem Schlaf gerissen. Ein- oder zweimal mußten die Leute von Domremy vor einem Einfall anglo-burgundischer Truppen in das befestigte Neufchâteau fliehen und fanden bei ihrer Rückkehr das Dorf verwüstet, das Vieh weggetrieben. Auch solche Erlebnisse gehörten also in die Kindheitswelt Johannas. Wie stark diese Eindrücke auf ihr Gemüt einwirkten, zeigt das Folgende:

Die nahe liegende Gemeinde Maxey hielt es mit den Burgundern, während Domremy wie die meisten Ortschaften im Maastal zu den Königstreuen gehörte. Die Folge war, daß sich die Burschen der beiden Dörfer öfters Schlägereien lieferten. Auf die Frage im Prozeß, ob sie sich daran beteiligt habe, antwortete Johanna: *Ich erinnere mich nicht. Aber ich sah, daß die von Domremy, wenn sie gegen die von Maxey gekämpft hatten, manchmal ganz zerschunden und blutend zurückkamen . . . Ich kannte nur einen einzigen Burgundischen in Domremy und ich wollte wohl, daß man ihm den Kopf abschlüge, vorausgesetzt, daß es Gott gefallen hätte.* Und auf die weitere Frage: «Hattet Ihr in Eurer Jugend den Wunsch, die Burgunder zu verfolgen?» *Ich wünschte von ganzem Herzen, daß der König sein Reich zurückerlange.*[7]

In diesen Worten offenbart sich zum erstenmal der Grundzug ihres Wesens, aus dem all ihre Handlungen hervorgingen: Die kleine Jeannette war nicht nur brav, barmherzig und fromm, sondern verband mit ihrem religiösen Glauben eine fanatische Liebe zu ihrem Land, die unbedingte Überzeugung, daß der französische König sein Reich wiedergewinnen müsse.

Den Eltern scheint nicht ganz entgangen zu sein, welche Gefühle ihre Tochter bewegten, und man fragt sich unwillkürlich, ob die fleißige Haustochter und eifrige Kirchgängerin nicht schon damals etwas von ihrem Hang zu Landsknechtstum und männlichem Wesen, der sich später so deutlich zeigte, erkennen ließ. Belegen läßt sich eine solche

Heinrich VI. von England. Anonymes Bildnis. National Portrait Gallery, London

Vermutung nicht, aber merkwürdig ist, daß ihr Vater einmal geträumt hat, sie werde mit Soldaten davongehen, wobei er wohl an die Dirnen dachte, die sich mit Söldnern oder Marodeuren herumtrieben. *Das bekümmerte meinen Vater und meine Mutter sehr. Sie trugen Sorge, mich zu behüten und hielten mich in strenger Zucht . . . Ich habe von meiner Mutter gehört, daß mein Vater zu meinen Brüdern gesagt hat: «Wahrhaftig, wenn ich wüßte, daß das, was ich wegen meiner Tochter befürchte, wirklich geschähe, wäre es mir lieber, ihr würdet sie ertränken. Und wenn ihr es nicht tätet, so ertränkte ich sie selbst.»*[8]

Ob diese Drohung nun ernst gemeint oder, was wahrscheinlicher ist, als Kinderschreck gedacht war – Johannas späteren Entschluß, das Elternhaus zu verlassen, hat sie nicht verhindern können. Dazu stand sie schon seit langem zu sehr unter dem inneren Diktat ihrer Sendung.

Als ich dreizehn Jahre alt war, hatte ich eine Stimme von Gott, die kam, um mich zu leiten. Das erste Mal hatte ich große Furcht. Die Stimme kam ungefähr zur Mittagsstunde, im Sommer, im Garten meines Vaters. Am Tag zuvor hatte ich gefastet. Ich habe die Stimme von meiner Rechten her gehört, wo die Kirche lag. Von derselben Seite kam eine große Helligkeit. Dieses Licht kommt immer von derselben Seite, von der ich die Stimme vernehme. Die Stimme erschien mir erhaben, und ich glaubte, daß sie von Gott geschickt war. Und nachdem ich sie dreimal gehört hatte, erkannte ich, daß es die Stimme eines Engels war. Diese Stimme hat mich immer geleitet, und ich habe sie immer gut verstanden. Sie hat mir geheißen, mich gut zu führen und oft in die Kirche zu gehen.[9]

Als die Stimme öfter kam, sah Johanna, daß es der heilige Michael war, der, von Engeln begleitet, zu ihr sprach. Sie sah ihn leibhaftig vor sich, wie man anwesende Menschen sieht. Er sagte ihr, daß die heilige Katharina und die heilige Margareta zu ihr kommen würden, um sie zu führen und zu beraten, daß sie ihrem Rat folgen müsse und daß dies auf Befehl des Herrn geschähe.

Von nun an verging kaum ein Tag, an dem sie die Stimme nicht hörte. *Sie sagte mir, es sei notwendig, daß ich nach Frankreich ginge. Zwei- oder dreimal in der Woche hat sie mir gesagt, ich müsse aufbrechen und nach Frankreich gehen, doch so, daß mein Vater nichts von meinem Aufbruch merke. Die Stimme sagte mir, daß ich nicht länger bleiben könne, wo ich war, und daß ich die Belagerung der Stadt Orléans aufheben müsse. Sie befahl mir außerdem, zu Robert de Baudricourt in die Festung Vaucouleurs zu gehen, deren Stadtkommandant er war. Er würde mir Leute geben, die mit mir gingen. Ich antwortete, daß ich ein armes Mädchen sei, das nicht zu reiten und Krieg zu führen verstünde.*[10]

Mit dem Auftreten der Stimmen und Visionen stehen wir vor dem Problem, das die überaus umfangreiche Literatur über Jeanne d'Arc zu einem Feld von Polemiken, Leidenschaften und Vorurteilen gemacht hat, von denen sich auch die Historiker nicht immer frei gehalten haben, ohne zu bedenken, daß die Geschichte e i n e Sache, ihre Interpretation eine andere ist.

Eine Erklärung, die sich weder beweisen noch widerlegen läßt, die sich also jeder wissenschaftlichen Diskussion entzieht, geben jene, meist katholischen, Autoren, die in Johannas Visionen eine unmittelbare göttliche Offenbarung sehen. Gegen eine solche Überzeugung läßt sich höchstens einwenden, daß es nicht notwendig ist, Übernatürliches zu Hilfe zu nehmen, um den seelischen Zustand Johannas zu begreifen. Er läßt sich

Johanna mit Schwert und Hellebarde. Miniatur. Bibliothèque Nationale, Paris

hinreichend erklären mit den Erkenntnissen heutiger Psychologie und Psychiatrie über das Phänomen der Halluzination, der «Wahrnehmung ohne Objekt».[11] Zu diesen Erkenntnissen gehört, daß die von Halluzinationen befallenen oder zu ihnen befähigten Personen keineswegs Psychopathen sein müssen, sondern vielfach außerhalb dieses Zustands über völlig normale Denkfähigkeiten verfügen. Martin Luther sah und hörte in seiner Kammer auf der Wartburg den leibhaftigen Teufel. Torquato Tasso unterhielt sich in Anwesenheit eines Dritten mit unsichtbaren Wesen. Emanuel Swedenborg und William Blake hatten Halluzinationen. Die heilige Theresia von Ávila (1515–82), eine Frau von hoher geistiger Qualität und schriftstellerischer Begabung, hatte Erscheinungen von Heiligen, die sie genau beschrieben hat.

Der hl. Michael. Buchillustration. Bibliothèque Nationale, Paris

Was Jeanne d'Arc betrifft, so muß man außerdem die Mentalität ihrer Zeit in Betracht ziehen. Gerade am Ausgang des Mittelalters war das, was wir Aberglauben zu nennen gewohnt sind, etwas Selbstverständliches. Die Überzeugung, daß die Welt von göttlichen oder teuflischen, jedenfalls von übernatürlichen Mächten regiert werde, war eine tief im überlieferten Glauben eingewurzelte Vorstellung. Wunder und Prophezeiungen galten als ein Zeichen der ständigen Verbindung des Natürlichen mit dem Übernatürlichen. Die Heiligenlegenden, die jeder von Kind auf hörte oder in der Kirche abgebildet sah, waren für ihn ebenso wirklich wie das, was er alltäglich um sich sah.

So haben auch die gelehrten Theologen im Prozeß zu Rouen nicht an der subjektiven Wirklichkeit der Stimmen und Visionen Johannas gezweifelt, sondern nur geprüft, ob sie göttlichen oder teuflischen Ursprungs seien. Als Psychologen waren sie dem aufgeklärten Kirchenfeind Voltaire überlegen, der in Johanna eine bedauernswerte Geisteskranke sah. Betrug und Schwindelei ist ihr nur von Konkurrenzprophetinnen vorgeworfen worden.

Nicht als Betrügerin , sondern, kraß gesagt, als Opfer von Betrügern hat Anatole France sie in seinem gründlichen und glänzend geschriebenen Werk «Vie de Jeanne d'Arc» hingestellt. Ohne ihre Lauterkeit anzuzweifeln hat er sie als politisches Werkzeug in der Hand von Weltgeistlichen gesehen, die ihre sonderbare Frömmigkeit für ihre Zwecke benutzt hätten. «Eine von diesen Personen war es wohl, die dem König und dem Königreich Frankreich einen engelgleichen Verteidiger vorbereitete.»[12] Zur Stützung seiner These weist France darauf hin, daß Johanna zuweilen ihren Onkel, den Pfarrer von Sermaize, und ihren Vetter, einen jungen Geistlichen, besucht habe. Im übrigen erklärt er sich selbst außerstande, die von ihm vermuteten Einflüsse von Geistlichen genau zu bestimmen. Steht somit seine Annahme schon auf schwachen Füßen, so wird sie vollends widerlegt durch die Tatsache, daß Johanna vor dem Verlassen des Elternhauses mit keinem Menschen von ihrem Plan gesprochen hat. Das ist nicht nur historisch glaubwürdig belegt, sondern auch psychologisch einleuchtend, da Personen, die von Halluzinationen beherrscht sind, sich fremden Einflüssen gegenüber besonders unzugänglich verhalten.

Im Falle Johannas, deren autosuggestive Begabung ins Geniale reicht, wird das besonders deutlich, wenn man verfolgt, wie sich die Stimmen im weiteren Verlauf ihres Lebens äußern und entwickeln. Nur bei absoluter Voreingenommenheit kann man übersehen oder leugnen, daß sich in den Ermahnungen, Ratschlägen und Versprechungen, die ihr halluzinatorisch übermittelt werden, ihre eigenen unbewußten Triebe, Wünsche und Hoffnungen ausdrücken. «Johannas ‹Stimmen› sind Johanna selbst.»[13] Kürzer und treffender als mit diesen Worten eines französischen Historikers läßt sich die Frage der «Stimmen» nicht beantworten.

Nur am Rande vermerkt sei, daß man gelegentlich versucht hat, für Johannas Halluzinationen biologische Gründe anzuführen. Man berief sich dabei auf die von ihrem «Intendanten» – wir würden sagen: Leibwächter – Jean d'Aulon überlieferte Aussage, daß sie an Amenorrhöe (Ausbleiben der Menstruation) gelitten habe. Dieser will von den Damen, die sie leiblich untersuchten, gehört haben, daß sie an Johanna niemals «jene verschwiegene Krankheit der Frauen» oder Spuren davon in ihren Kleidern wahrgenommen hätten.[14]

In unseren Tagen hat der ungarische Jurist Béla Horváth daraus die Behauptung hergeleitet, Johanna habe niemals die volle geschlechtliche Reife erlangt, so daß statt der Pubertät bei ihr die Stimmen aufgetreten seien. «Die ungeheure Kraft, die wir Geschlechtlichkeit nennen, wirkt bei Johanna nicht nach der gewohnten Art der Geschlechtsliebe. Sie umfaßt ein ganzes Land und ein ganzes Volk.»[15] Abgesehen von der bezweifelbaren Beziehung zwischen der sexuellen und der spirituellen Beschaffenheit Johannas spricht gegen Horváths Hypothese, daß d'Aulon an dem angegebenen Ort gleichzeitig von ihrer wohlausgebildeten Weiblichkeit spricht und daß ein Zeuge ihrer Gefangennahme nicht ohne Wohlgefallen berichtet, wie ihr Busen hervorgequollen sei, als man ihr die Rüstung löste.

Im Herbst 1428 setzten die Engländer mit der Belagerung von Orléans zum entscheidenden Angriff auf das den Franzosen verbliebene Territorium an. Je bedrohlicher damit die Lage für Karl VII. wurde, desto mahnender wurden die Stimmen, die Johanna aufforderten, Baudricourt, den Stadthauptmann von Vaucouleurs, aufzusuchen, der sie zum König geleiten lassen werde. Daß sie dazu nie die Erlaubnis ihres Vaters erhalten würde, war ihr klar. So griff sie zu einer List, die beweist, wie sehr sich jene Autoren – in unkritischer Reaktion auf die unkritischen Apologeten der Jungfrau – irren, die sie für eine Hysterikerin oder Psychopathin halten. Daß sie eine geniale Visionärin war, hinderte sie nicht, ein ungewöhnlich gescheites, bisweilen pfiffiges Mädchen zu sein, das in der Realität verblüffend vernünftig zu handeln verstand.

Mitte Dezember 1428 bewog sie einen Vetter ihrer Mutter, Durand Laxart, den sie Onkel zu nennen pflegte, sie von zu Hause abzuholen, damit sie dessen Frau im Wochenbett pflegen könne. Laxart wohnte in Burey-le-Petit, einem Dorf, das etwa eine Wegstunde vor Vaucouleurs lag. Dort blieb sie etwa sechs Wochen; aber nicht alles, was sich in dieser Zeit abgespielt hat, läßt sich genau rekonstruieren. Das gilt auch für die chronologischen Angaben. Der Biograph muß sich bei der Abwägung der einander widersprechenden Quellen hier, wie auch anderwärts, für das seiner Ansicht nach Wahrscheinlichere entscheiden. Eine ins Einzelne gehende historisch-kritische Begründung muß er dabei schuldig bleiben, weil sie den Umfang dieser Monographie um ein Mehrfaches überschreiten würde. Im folgenden werden also in erster Linie die nicht umstrittenen Fakten zugrunde gelegt.

Zunächst eröffnete Johanna ihrem Onkel, daß sie nach Frankreich zum Dauphin wolle, um ihn zu krönen. Daß Laxart begreiflicherweise zögerte, ihr bei einem so unsinnig scheinenden Vorhaben behilflich zu sein, läßt sich aus seiner Aussage im Rehabilitationsprozeß zwischen den Zeilen herauslesen. Aber Johanna blieb hartnäckig. *Gibt es nicht,* hielt sie ihm entgegen, *ein Wort aus früheren Tagen, daß Frankreich durch eine Frau zerstört und durch eine Jungfrau wiederaufgerichtet wird?*[16] (Der erste Teil der Prophezeiung bezieht sich auf die unheilvolle Rolle, die Isabeau von Bayern, wie erwähnt, in dem Vertrag von Troyes gespielt hatte.)

Die Erinnerung an den im Volk verbreiteten Spruch scheint nicht ohne Eindruck auf Laxart geblieben zu sein. Jedenfalls war er schließlich bereit, Johanna nach Vaucouleurs zu begleiten, wo sie von Baudricourt zweimal abgewiesen wurde, das erste Mal sehr schroff mit dem Bescheid, man solle sie mit einer Tracht Prügel zu ihrem Vater zurückbringen. Aller

Wahrscheinlichkeit nach geschah es dann doch auf seine Veranlassung, daß zwei ihm unterstellte Offiziere, Jean de Novelonpont, genannt de Metz, und Bertrand de Poulengy, die später Johannas Begleiter wurden, Erkundigungen über sie in Domremy einholten. Erklären läßt sich das, will man nicht noch unerklärlichere Konstruktionen zu Hilfe nehmen, so wenig wie Baudricourts weiteres Verhalten.

Ende Januar 1429 zog Johanna, wiederum in Begleitung Laxarts, nach Vaucouleurs, wo sie im Hause einer Familie Le Royer drei Wochen lang wohnte. 27 Jahre später hat Jean de Metz über ihre Ankunft in Vaucouleurs berichtet: «Ich sah sie ankommen, ärmlich gewandet, in einem roten Kleid. Ich fragte sie: ‹Was macht Ihr hier?› und die Jungfrau antwortete: *Ich bin in diese königliche Stadt gekommen, um Robert de Baudricourt zu sprechen, damit er mich zum König geleite oder mich geleiten lasse, aber er beachtet weder mich noch meine Worte. Dennoch muß ich noch vor Mittfasten beim König sein, selbst wenn ich auf den Knien zu ihm gelangen müßte. Kein Mensch auf der Welt, weder ein König noch ein Herzog noch ein Kind des Königs von Schottland oder sonst einer kann das Königreich Frankreich wiedererlangen. Niemand wird ihm helfen als ich. Wahrlich, ich würde lieber neben meiner armen Mutter spinnen, denn hier ist nicht mein Platz, aber ich muß gehen, ich muß es tun, mein Herr will, daß ich so handle*. Ich fragte sie, wer ihr Herr sei, und sie sagte mir, es sei Gott.»[17]

In Vaucouleurs wurde Johanna, die oft die Messe besuchte und zur Beichte ging, sorgfältig beobachtet, anfangs wohl auch mißtrauisch. Jedenfalls berichtet ihre Wirtin Catherine Le Royer, daß eines Tages Baudricourt zusammen mit dem Priester Jean Fournier zu ihr gekommen sei. Der Priester habe seine Stola angelegt und eine Beschwörung mit Johanna vorgenommen, indem er sie aufforderte, sich zu entfernen, wenn sie einen bösen Geist habe und im anderen Fall sich ihm zu nähern. Darauf sei sie auf den Knien bis zu den Füßen des Priesters gerutscht. Dann habe sie ihm gesagt, *es sei nicht recht, was er tue, denn er wisse doch aus der Beichte, daß sie eine gute Katholikin sei*[18].

Einige Tage später wurde sie zum Herzog Karl II. von Lothringen, der leidend war, nach Nancy gerufen. *Der Herzog hat verlangt, man solle mich zu ihm führen. Ich bin zu ihm gegangen und habe ihm gesagt, daß ich nach Frankreich gehen wolle. Der Herzog hat mich befragt, ob er genesen würde. Ich habe erwidert, ich wisse es nicht. Über meine Reise habe ich wenig zu ihm gesprochen, ihn jedoch gebeten, mir seinen Sohn und Leute mitzugeben, um mich nach Frankreich zu geleiten. Ich wolle Gott um seine Gesundheit bitten.*[19]

Ob der Herzog sie kommen ließ, um sie über seine Gesundheit zu befragen, ist mit Recht bezweifelt worden. Näher liegt es, sowohl den

Das französische Tor von Vaucouleurs,
der ersten Etappe auf Johannas Weg nach Chinon

Empfang durch den Herzog wie den günstigen Ausgang der Teufelsbeschwörung zur Erklärung von Baudricourts völlig veränderten Verhalten heranzuziehen: am 13. Februar erklärte er sich bereit, Johanna nach Chinon zu Karl VII. geleiten zu lassen. Daß er den Entschluß, ein unbekanntes Dorfmädchen an den Königshof zu schicken, nicht ohne gewisse Rückendeckung faßte, ist höchst wahrscheinlich. Nur auf Vermutungen läßt sich aber die Meinung stützen, daß er vorher direkt oder auf Umwegen die Erlaubnis der königlichen Kanzlei eingeholt habe.

Eine Woche später fand die Abreise statt, nachdem man für Johanna ein Pferd samt Zubehör, ein Schwert und auf ihr ausdrückliches Verlangen Männerkleidung beschafft hatte. *Robert de Baudricourt hatte meine*

Begleiter schwören lassen, mich gut und sicher zu geleiten. Zu mir sagte er, als ich Abschied von ihm nahm: «Geh! Und es geschehe, was geschehen soll!»[20]

Mit einer Eskorte von sechs Reitern, deren Anführer Jean de Metz war, legte Johanna die Strecke von Vaucouleurs nach Chinon, fast 500 Kilometer, in elf Tagen zurück. Hatte sie aber zum heiligen Michael nicht gesagt, daß sie nicht reiten könne? Die angesehene französische Historikerin Régine Pernoud hat diese Frage aufgeworfen und dahingehend beantwortet, daß ein Bauernmädchen jener Zeit natürlich mit Pferden umzugehen wußte, daß aber ihr damals gebrauchtes Wort, ins Lateinische übersetzt, «equitare» lautete und das etwas anderes bedeutet, nämlich: ein Schlachtroß führen.[21] Einer ihrer Chronisten will auch wissen, daß sie bei ihrem Aufenthalt in Neufchâteau reiten gelernt habe. – Dies nur in Parenthese.

Die Strapaze war um so größer, als der kleine Trupp die Begegnung mit feindlichen Soldaten vermeiden mußte. So ritt man meist bei Nacht und umwickelte die Füße der Pferde zur Vorsicht mit Lumpen. Johanna war während der aufregenden Reise immer zuversichtlich und fröhlich – so bekunden ihre Gefährten, denen sie, wenn es nötig war, Mut zusprach: *Fürchtet nichts, ich führe aus, was mir befohlen ist und meine Heiligen sagen mir, was ich tun soll.*[22] Auf den Strohlagern in einer Scheune oder unter freiem Himmel schlief sie zwischen Jean de Metz und Bertrand de Poulengy völlig angekleidet in Wams und Hose, und beide hatten, so jedenfalls erinnerten sie sich später, eine solche Achtung vor ihr, daß sie nie ein fleischliches Verlangen oder Begehren verspürten.[23]

Über Auxerre gelangten sie nach Gien, wo sie die Loire überquerten, und zu ihrer vorletzten Etappe St. Catherine de Fierbois. Von dort, wo sie an einem Tag drei Messen hörte, schickte sie einen Brief an den König, um zu fragen, ob sie seine Stadt betreten dürfe. *Ich schrieb ihm auch, ich hätte einhundertfünfzig Meilen zurückgelegt, um zu ihm zu gelangen und ihm Hilfe zu bringen. Ich wüßte viel Gutes für ihn.*[24]

Am 1. März traf Johanna in Chinon ein, wo Karl VII., den sie bis zu seiner Krönung meist «Dauphin» anredete, Hoflager hielt. Sie stieg in einer Herberge ab und wurde zunächst einigen Höflingen und geistlichen Herrn vorgestellt, die trotz ihrer Männerkleidung und ihrem pagenartigen Haarschnitt nichts an ihr auszusetzen fanden. Entgegen ihrer eigenen Aussage, sie sei noch am selben Abend vom König empfangen worden, mußte sie sich mehrere Tage gedulden. Im Kronrat, wo darüber diskutiert wurde, ob sie vorgelassen werden solle, waren die Meinungen geteilt. Zunächst wurde sie noch einmal befragt, warum sie gekommen sei und was sie wolle. Erst als man ihr sagte, es sei der König, der eine Antwort erwarte, sagte sie, *sie habe zwei Aufträge vom Himmelskönig; erstens, die Belagerung von Orléans aufzuheben, zweitens, den König zur Salbung und Krönung nach Reims zu führen*[25].

Daß der König zögerte, das Mädchen aus Lothringen anzuhören, ist nicht verwunderlich. Dafür, daß er sich dann doch dazu entschloß, kann die bedrängte Lage, in der er und Frankreich sich befanden, als Erklärung genügen. Der damals Sechsundzwanzigjährige war das elfte Kind des schwachsinnigen Karl VI., der seine legitime Abkunft bestritten hatte, genauer: hatte bestreiten lassen. Da seine vier älteren Brüder gestorben waren, wurde er nach dem Tod seines Vaters von einem Teil der französischen Fürsten zum Nachfolger ausgerufen. Seine Porträts zeigen ein wenig anziehendes Gesicht mit einem unverkennbaren Ausdruck von Melancholie und Ängstlichkeit, und die Berichte aus seiner Umgebung besagen, daß er, zumal seit dem Abfall Burgunds und den militärischen Erfolgen der Engländer, gänzlich abhängig von seinen Ratgebern und ohne eigene Entschlußkraft war. Der Zweifel an seiner Legitimität wird ihn überdies belastet haben. Erst in den späteren Jahren entwickelte er sich zu einem klugen und umsichtigen Herrscher.

Über die ersten Begegnungen zwischen ihm und Johanna hat sich ein so dichtes Netz von Legenden gebreitet, daß es wieder einmal schwer ist, zwischen Tatsächlichem, Wahrscheinlichem und allenfalls Möglichem zu unterscheiden.

Nach ihrer eigenen Aussage waren, als sie den von 50 Fackeln erleuchteten Saal des Schlosses betrat, 300 Edelleute versammelt. Es war also eine öffentliche Audienz. *Ich erkannte den König unter den anderen durch den Rat meiner Stimme, die ihn mir offenbarte. Ich sagte ihm, daß ich den Krieg gegen die Engländer führen wolle.*[26] Von den anderen Berichten, die uns überliefert sind, stammen nur zwei von Zeugen, die bei dieser ersten Vorstellung anwesend waren; ihre Aussagen stimmen im wesentlichen überein. Es waren der Leibarzt Regnault Thierry und der alte Vertraute des Königs, Raoul de Gaucourt. Dieser berichtet: «Ich war im Schloß von Chinon, als die Jungfrau dort eintraf. Ich sah, wie sie sich mit viel Demut und Bescheidenheit als schlichtes Hirtenmädchen seiner königlichen Majestät vorstellte, und hörte sie folgendes sagen: *Sehr erlauchter Herr Dauphin, ich bin gekommen und von Gott gesandt, um Euch und dem Königreich Hilfe zu bringen.* Nachdem er sie gesehen und angehört hatte, wollte der König Genaueres über sie erfahren und vertraute sie dem Schutz seines Majordomus Guillaume Bellier an . . . dessen Frau äußerst fromm und sehr vertrauenswürdig war.»[27]

Johannas Beichtvater Jean Pasquerel, der nicht dabei war, erzählt, sie habe auf die Frage nach ihrem Namen geantwortet: «*Edler Dauphin, ich heiße Johanna die Jungfrau. Und Euch tut der König des Himmels durch mich kund, daß Ihr in der Stadt Reims gesalbt und gekrönt werdet und der Statthalter des Himmelskönigs, welcher der Herr Frankreichs ist, sein werdet.* Nach verschiedenen Fragen des Königs sagte Johanna noch einmal: *Ich sage Euch, daß Ihr der wahre Erbe Frankreichs und Sohn des Königs seid.*»[28]

Daß Johanna am nächsten Tag bei einem königlichen Beamten im Schloß Coudray einquartiert und ihr der etwa fünfzehnjährige Louis de Contes als Page zugeteilt wurde, läßt darauf schließen, daß der König sie nicht ohne Wohlwollen entließ.

Zu den Legenden, die sich an das erste Gespräch Johannas mit Karl VII. knüpften, hat sie selbst durch ihre Erzählung vor Gericht beigetragen, ein Engel habe sie begleitet und das «Zeichen», eine kostbare Krone, über den König gehalten.[29] Es gehört das zu den seltenen Momenten, wo sie eine Taktik zu ihrer Verteidigung anwenden zu müssen glaubte. Einen Tag vor ihrer Hinrichtung hat sie das widerrufen und zugegeben, daß sie selbst der Engel gewesen sei.[30] Sodann ist ihre Bemerkung, sie habe den König mit Hilfe ihrer Stimme erkannt, zu der Fabel ausgesponnen worden, man habe ihr zunächst einen der Hofleute vorgestellt, sie aber habe die Täuschung sofort durchschaut.

Gewichtiger ist die folgende Episode, die aber insofern schlecht belegt ist, weil sie von Personen stammt, die zu jener Zeit zugegebenermaßen überhaupt nicht in Chinon waren. Danach habe der König nach dem offiziellen Empfang Johanna beiseite genommen und lange und leise mit ihr gesprochen. Über den Inhalt des angeblichen Gesprächs wissen erst Anfang des 16. Jahrhunderts anonyme Chronisten vom Hörensagen mitzuteilen, Johanna habe dem König etwas Geheimes, nur ihm Bekanntes, offenbart, indem sie ihm von drei Bitten erzählte, die er in der Kapelle von Loches an Gott gerichtet habe.[31]

Auf eine andere Deutung dieser geheimen Unterhaltung werden wir bei der Erörterung der phantastischen «Enthüllung» zurückkommen,

Ruine des Schlosses Chinon mit dem Kamin in der Großen Halle

Johannas Ankunft im Schloß von Chinon. Deutscher Wandteppich, Ende des 15. Jahrhunderts. Musée Historique, Orléans

deren Urheber sich so großzügig von der Pflicht des Historikers, Dokumente beizubringen, absolvieren. Ihrer Methode, mit unkontrollierbaren Interpretationen zu arbeiten, kam auch die Aussage des Herzogs von Alençon, eines Fürsten von königlichem Geblüt, gelegen, er habe einige Tage nach der Audienz den König im Gespräch mit der Jungfrau angetroffen, und sie habe, als sie seinen Namen erfahren, ihn mit den Worten begrüßt: *Seid mir sehr willkommen! Je mehr von königlichem Blut beisammen sind, desto besser!*[32]

In den folgenden zwei oder drei Wochen wurde Johanna mit verschiedenen hochgestellten Persönlichkeiten bekannt gemacht und auch von einigen Geistlichen befragt. Offensichtlich wollte man sich noch genauer über sie unterrichten. Nicht genug damit – gegen Ende März verfügte der König, daß sie nochmals einer Prüfung unterzogen werden solle. In seinem Gefolge reiste sie nach Poitiers, das damals der Sitz des französischen Parlaments und einer Universität war. Dort wurde sie drei Wochen lang von hohen Geistlichen, Juristen und königlichen Räten examiniert,

die den Auftrag hatten, anschließend dem Kronrat zu berichten, zu welchem Ergebnis sie gekommen seien.

Johanna wohnte während dieser Zeit bei dem Advokaten Jean Rabateau. Dort wurde sie von den einzelnen Mitgliedern der Kommission aufgesucht. Unter ihnen befand sich der Dominikaner Seguin Seguin, der später ausführlich über eine der ersten Befragungen berichtet hat. Johanna, die schon vorher ihre Ungeduld wegen der andauernden Prüfungen gezeigt hatte, verhielt sich dabei keineswegs demütig, sondern impulsiv, schlagfertig, ja ausfallend. Als einer der Examinatoren sie fragte, wozu es denn der Krieger bedürfe, wenn Gott ihr anvertraut habe, er wolle das französische Volk retten, antwortete sie: *Die Krieger werden kämpfen und Gott wird den Sieg verleihen!* Auf die Frage Seguins, der nach seinen eigenen Worten den Dialekt von Limousin sprach, in welcher Sprache

Johanna wird zu Karl VII. geführt. Buchmalerei, 15. Jahrhundert. Aus den «Vigiles de Charles VII». Bibliothèque Nationale, Paris

ihre Stimmen redeten, erhielt er die schnippische Antwort: *In einer schöneren als der Euren*, und auf die weitere, ob sie an Gott glaube: *Ja! Und inniger als Ihr!* Als sie dann aufgefordert wurde, ein Zeichen zu geben, damit man an den göttlichen Ursprung ihrer Mission glauben könne, antwortete sie: *Im Namen Gottes, ich bin nicht nach Poitiers gekommen, um Zeichen zu tun. Aber führt mich nach Orléans, dort werde ich Euch die Zeichen weisen, derentwegen ich gesandt bin.*[33]

Schließlich soll sie vier Ereignisse vorausgesagt haben: die Befreiung von Orléans, die Königskrönung in Reims, die Eroberung von Paris und die Rückkehr des Herzogs von Orléans, der in der Schlacht bei Azincourt in englische Gefangenschaft geraten war. Wenn Seguin hinzufügt, diese Voraussagen hätten sich bald darauf bestätigt, so sieht er darüber hinweg, daß die beiden letzten sich erst lange nach Johannas Tod erfüllten.

König Karl VII. Gemälde von Jean Fouquet. Louvre, Paris

Ein anderer Bericht stammt von dem Oberstallmeister des Königs, Gobert Thibault, der dabei war, als die Professoren der Theologie Pierre de Versailles und Jean Erault mit ihr sprachen. Zu diesen sagte sie: *Habt Ihr Papier und Tinte? So schreibt nieder, was ich Euch sage, denn ich weiß weder A noch B.*[34] (Will sagen, kann nicht lesen und schreiben.) Darauf diktierte sie den viel umstrittenen Brief an die Engländer, an dessen Echtheit im ganzen jedoch nicht zu zweifeln ist. *König von England und Ihr, Herzog von Bedford, der Ihr Euch als Regent des*

Königreichs Frankreich bezeichnet, heißt es darin. *Übergebt der Jungfrau, die von Gott, dem König des Himmels, hierher gesandt wurde, die Schlüssel aller guten Städte, die Ihr in Frankreich eingenommen und geschändet habt . . . Wenn Ihr das nicht tut, so wisset, ich bin Feldherr und wo immer ich Eure Leute in Frankreich finde, werde ich sie verjagen, ob sie wollen oder nicht, und wenn sie sich widersetzen, lasse ich sie alle töten. Wenn sie gehorchen, werde ich Gnade walten lassen.*[35]

Im Prozeß hat sie sich zu diesem Brief bekannt; doch habe sie nicht gesagt «übergebt der Jungfrau», sondern «übergebt dem König», auch habe sie sich nicht als Feldherr bezeichnet.[36]

Nach den Anschauungen jener Zeit war eine Jungfrau dagegen gefeit, vom Teufel besessen zu sein. Damit man auch in diesem Punkt sicher sein konnte, wurde Johanna in Poitiers von Yolande von Aragón, der Schwiegermutter Karls VII., und anderen Damen des Hofes an den «intimen Partien ihres Leibes» untersucht, wobei sie als «wahre und unberührte Jungfrau» befunden wurde.[37]

Das Gutachten der Doktoren von Poitiers ist nicht im Original auf uns gekommen, sondern nur in einer Zusammenfassung, deren wesentliche Sätze lauten: «Der König darf in Anbetracht seiner und seines Reiches Notlage und mit Rücksicht auf die Gebete seines armen Volkes und aller, die Frieden und Recht lieben, die Jungfrau, die sagt, sie sei von Gott gesandt, um Hilfe zu bringen, nicht zurückweisen, wenn ihre Versprechungen auch nur Menschenwerk sind.» Das einschränkende Bedenken der letzten Worte wird dann durch den Hinweis auf die vorgenommenen Prüfungen weitgehend zurückgenommen. «Der König hat über das Leben, die Geburt, die Sitten und die Absicht besagter Jungfrau Nachforschungen anstellen lassen und sie sechs Wochen bei sich behalten, um sie allen Leuten zu zeigen, wie Gelehrten, Geistlichen, Frommen, Kriegsleuten, Frauen, Witwen und anderen. Sie hat öffentlich und geheim mit all diesen Leuten gesprochen; in ihr war nichts Böses zu finden, nur Gutes, Demut, Jungfräulichkeit, Ehrlichkeit, Bescheidenheit. Über ihre Geburt und ihr Leben haben sich verschiedene als wunderbar berichtete Dinge als wahr erwiesen.»[38]

Eine gewisse Vorsicht lassen dann wieder die Schlußsätze der Examinatoren erkennen. Unter Bezug auf Johannas wiederholte Äußerung, sie werde das göttliche Zeichen vor Orléans zeigen, raten sie dem König, er solle sie mit Kriegsleuten und einem ehrenvollen Geleit nach Orléans ziehen lassen und im übrigen auf Gott vertrauen.

Das Gutachten ist in mehrfacher Hinsicht aufschlußreich. Einmal läßt es erkennen, daß auch die gelehrten Doktoren, dem Glauben der Zeit folgend, die göttliche Einwirkung auf weltliche Dinge für möglich hielten. Zum anderen, daß sie nicht die volle Verantwortung für Erfolg oder

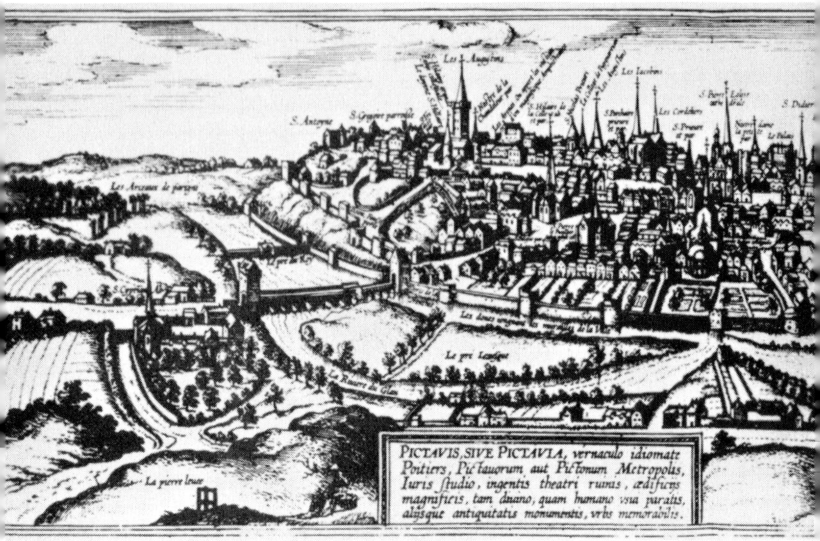

Mißerfolg von Johannas Mission übernehmen wollten. Schließlich, daß die Jungfrau durch die Sicherheit ihres Auftretens und die Festigkeit und Beständigkeit ihrer Worte einen positiven, vielleicht faszinierenden Eindruck gemacht hatte. Wie energisch und kämpferisch sie auf ihr Ziel losging, zeigt ja ihr Brief an die Engländer.

Dieselben Gründe gaben dann wohl auch den Ausschlag für den Beschluß des Kronrates, ihr eine Rüstung anfertigen zu lassen und sie mit einem Gefolge unter dem Befehl des zu ihrem Schutz und Geleit abkommandierten Jean d'Aulon nach Orléans zu schicken. Schließlich mögen noch die von den Gutachtern erwähnten «wunderbaren Dinge» zu dem in wenigen Monaten erfolgten Aufstieg des Dorfmädchens zu einer vom König favorisierten Kriegerin beigetragen haben.

Schon damals nämlich war ihr Ruf als einer von Gott gesandten Prophetin und Kämpferin weithin im Lande verbreitet. Aus vielen Städten kamen Menschen, um sie zu sehen und mit ihr zu sprechen. Manche wollten die Hufe ihres Pferdes berühren oder ihr Hände und Füße küssen, aber sie selbst lehnte, wie auch späterhin, jeden Kult mit ihrer Person unwillig ab. Das hinderte nicht, daß sich zahlreiche Legenden über sie und ihr Leben bildeten. Besonders bezeichnend hierfür ist ein Brief, den wenige Monate später, am 21. Juni 1429, Perceval de Boulainvilliers, ein Kammerherr des Königs, an den Herzog Visconti von Mailand schrieb.

Nachdem er eingangs erzählt, daß «die, wie die Frommen glauben, vom Willen des Himmels gesandte Jungfrau» in der Epiphaniasnacht

Poitiers. Stich, 1576

geboren wurde und dabei «die Hähne des Dorfes, Ausrufer einer freudigen Nachricht, fremdartige Töne ausgestoßen und zwei Stunden lang mit den Flügeln geschlagen» hätten, berichtet er allerlei Anekdoten aus ihrer Kindheit.

«Als Johanna auf einer Wiese die Schafe ihrer Eltern weidete, spielte sie mit anderen Mädchen Wettlaufen . . . sie überholte ihre Freundinnen und lief so schnell, daß sie den Boden nicht zu berühren schien. Verwundert rief eines der Kinder: ‹Johanna, ich sehe dich über die Erde hinfliegen.› Als Johanna am Ende der Wiese wie verzückt und von Sinnen sich von der Erschöpfung zu erholen und zu Atem zu kommen suchte, stand neben ihr ein Jüngling, der zu ihr sagte: ‹Johanna, gehe nach Hause, deine Mutter verlangt nach dir.› In der Meinung, es sei der Bruder oder ein Nachbarskind, eilte sie nach Hause . . . Die Mutter fragte, warum sie gekommen sei und schalt sie, daß sie die Schafe verlassen habe. ‹Hast du mich nicht rufen lassen?› fragte Johanna . . . Plötzlich trat eine hellglänzende Wolke vor ihre Augen, und aus der Wolke sprach zu ihr eine Stimme: ‹Johanna, du sollst einen anderen Weg gehen und wunderbare Taten verrichten, denn du bist die, welche der König des Himmels erwählt hat zur Errettung Frankreichs wie zum Schutz und Schirm des aus seiner Herrschaft vertriebenen Königs Karl.›»[39]

Von Poitiers begab sich Johanna nach Tours, dessen Stadtherrin Yolande von Aragón war. Dort wurde eine vollständige Ritterrüstung mit einem weißen Panzer für sie angefertigt. Sie erhielt ein Banner, auf dessen von Lilien übersäten Grund Gottvater abgebildet war, mit der Rechten segnend, in der Linken die Weltkugel tragend; an den Seiten kniende Engel, darüber die Worte «Jesus – Maria». Sodann verlangte sie ein Schwert, das – wie sie von ihren Stimmen wisse – in der Kapelle von Sainte-Catherine de Fierbois hinter dem Altar verborgen liege. Man schrieb an den Geistlichen des Ortes, und in der Tat fand sich das Schwert am Hauptaltar, von Rost und ein wenig Erde bedeckt. Natürlich kann man es keinem Skeptiker verdenken, hier darauf hinzuweisen, daß Johanna am Tag, bevor sie nach Chinon kam, in dieser Kapelle gebetet hatte und dabei das Schwert gesehen haben konnte. Aber gerade dieser Umstand läßt auch die einleuchtendere Erklärung zu, daß es sich um einen Fall von Pseudomnesie, von unbewußter Erinnerungsfälschung, gehandelt hat, wie ihn ihr Biograph Jacques Cordier, dessen Arbeit sich durch kritische Akribie auszeichnet, auch bei einer anderen Gelegenheit glaubhaft nachgewiesen hat.[40]

Zu ihrem Gefolge, das, wie gesagt, von Jean d'Aulon angeführt wurde, gehörten ihre früheren Begleiter Jean de Metz und Bertrand de Poulengy, ihr späterer Beichtvater Jean Pasquerel, zwei Herolde, zwei Pagen und wahrscheinlich auch schon damals ihre Brüder Pierre und Jean.

Johanna. Buchillustration. Französisch-flämische Schule, 15. Jahrhundert

Das Schwert von Fierbois. Holzschnitt, 1468

Mit der Befreiung von Orléans werde sie das «Zeichen», den Beweis ihrer göttlichen Sendung geben, hatte Johanna immer wieder gesagt. So ist es wichtig zu wissen, welche Rolle sie dabei gespielt hat. Daß sie die Truppen angeführt habe, ist, wenn auch aus entgegengesetzten Motiven, von ihren Anhängern wie von ihren Richtern behauptet worden, von jenen, um ihre Taten zu verherrlichen, von diesen, um sie eitlen Stolzes und unweiblicher Überheblichkeit zu überführen. Wie es sich in Wirklichkeit verhalten hat, darüber geben die zuverlässigste Auskunft der damals vierundzwanzigjährige Herzog von Alençon, der ihr sehr zugetan war, und der wenig ältere Bastard von Orléans, späterer Graf von Dunois, ein illegitimer Sohn des ermordeten Herzogs Ludwig von Orléans.

Beide sagen aus, daß in Blois, bevor Johanna dorthin kam, bereits die Vorbereitungen für den Entsatz von Orléans getroffen, die Truppen mit ihren Hauptleuten zusammengezogen und Proviant und Nachschub, Getreide, Rinder, Schweine, Schafe bereitgestellt waren. Davon, daß Johanna ein Kommando oder gar den Oberbefehl innehatte, kann demnach keine Rede sein. Wenn man sie auf einem «ohnehin fälligen Feldzug» (Hartmut Steinbach) mitziehen ließ, so geschah es, weil man sich von ihrer Gegenwart eine anfeuernde Wirkung auf die Moral und den Kampfgeist der Truppe versprach. Ihr Page Louis de Contes bestätigt denn auch, daß die Soldaten großes Vertrauen zu ihr hatten, sich von ihrer Siegeszuversicht ermuntern ließen und ihren Ermahnungen, zu beichten und die Sakramente zu empfangen, willig nachkamen. Selbst den Herzog von Alençon habe sie getadelt, wenn er fluchte oder lästerliche Worte gebrauchte.[41]

Orléans war seit einem halben Jahr von den Engländern belagert und mit einer Reihe von Bollwerken und Festungstürmen umgeben worden, doch reichte die Stärke ihrer Truppen, etwa 5000 Mann, nicht aus, um einen Sturm auf die gut befestigte Stadt von 30000 Einwohnern wagen zu können. Auch war die Einschließung keineswegs vollständig, die Verbindung mit der Außenwelt nicht ganz abgeschnitten: Kuriere konnten passieren; die Versorgung mit den notwendigsten Lebensmitteln war zwar bedroht, aber nicht völlig unterbunden.

Am 26. April setzte sich ein französischer Proviantzug von Blois aus in Marsch auf Orléans. Johanna wollte unmittelbar vor die Tore der Stadt, die am rechten Loireufer liegt, ziehen, wo die Engländer mit dem Fort der Tourelles ihre stärkste Bastion errichtet hatten. Die Militärs beschlossen jedoch, ohne Johanna davon zu unterrichten, einen weniger gefährlichen Anmarschweg zu wählen. Sie überschritten die Loire von französisch besetztem Gebiet aus, einige Kilometer flußabwärts, und zogen an Orléans vorbei, um vom Osten her Truppen und Proviant in die Stadt zu bringen. Als die Jungfrau bemerkte, daß man ohne ihr Wissen gehandelt hatte, trat sie dem Grafen Jean von Dunois zornig entgegen. *Seid Ihr der Bastard von Orléans und seid Ihr es, der geraten hat, mich hier am Flußufer entlangzuführen, statt mich geradewegs dorthin ziehen zu lassen, wo Talbot und die Engländer stehen?*

Auf Dunois' Antwort, daß er und andere, klüger als er, sicher seien, daß dies der beste Weg sei, erwiderte sie: *Im Namen Gottes, der Rat Gottes ist klüger und unfehlbarer als der Eure. Ihr habt geglaubt, mich zu täuschen, aber Ihr habt Euch selbst getäuscht, denn ich bringe Euch bessere Hilfe, als Ihr sie je von einem Feldherrn oder einer Stadt erhalten könnt. Es ist die Hilfe des Königs im Himmel.*

Zunächst hatte ein starker Gegenwind das Entsatzheer gehindert, die Boote und Flöße flottzumachen. Aber plötzlich – angeblich sofort nach Johannas Worten – drehte der Wind, man konnte die Segel setzen und die Boote besteigen. «Von diesem Augenblick an», berichtet Dunois weiter, «setzte ich große Hoffnung auf die Jungfrau, mehr noch als zuvor, und ich bat sie, mit mir nach Orléans zu ziehen, wo sie sehnlichst erwartet würde . . . Und Johanna begleitete mich, ihr Banner schwingend, das weiß war und das Bild unseres Herrn trug, der eine Lilie in der Hand hielt. Mit ihr und La Hire überquerten wir den Fluß und zogen zusammen in Orléans ein.»[42]

Dort wurde sie nach der Schilderung eines Augenzeugen am Abend des 29. April «mit soviel Freude und Beifall von Leuten jeden Geschlechts und jeden Standes empfangen, als wäre sie ein Engel Gottes, denn sie hofften, durch ihre Vermittlung von den Feinden befreit zu werden»[43].

Zu ihrer Linken ritt der Bastard von Orléans, ihnen folgten viele Edelleute, Offiziere und Soldaten aus der Garnison und Bürger, die mit Fackeln in den Händen ihnen entgegengekommen waren. Man drängte sich um die Jungfrau, um sie oder ihr Pferd zu berühren. Dabei kam ihr einer der Fackelträger so nahe, daß ihr Banner Feuer fing. Die Geistesgegenwart, mit der sie die Flamme löschte und ihr scheuendes Pferd zügelte, wurde von der begeisterten Menge als Wunder angesehen. Unter Glockengeläut und Jubel wurde sie zum Haus des Schatzmeisters des Herzogs von Orléans geleitet. – Man sieht hier, wie sich Johannas Sendungsglaube auf ihre Umgebung überträgt, wie ein einzelner das Kollektiv entzündet.

Die nächsten Tage machen die reizbare Ungeduld und kämpferische Energie Johannas deutlich, die sich zudem kraft ihrer Heiligen den militärischen Autoritäten für überlegen hielt. So kam sie heftig erregt von einer Unterredung mit dem Bastard von Orléans zurück, bei der er ihr gesagt hatte, daß man zunächst nicht angreifen wolle. Trotzdem ging sie am nächsten Abend zum Bollwerk Belle-Croix auf die Brücke und schrie den Engländern zu, sie sollten in ihr Land zurückgehen, sonst werde sie sie verjagen. Die Engländer antworteten mit Beschimpfungen, nannten sie ein Kuhhirtin, der sie sich nie ergeben würden, und ihre Begleiter ketzerische Zuhälter.

Am 3. Mai nahm Johanna an einer Prozession teil, um von Gott die Befreiung der Stadt zu erbitten. «Um sie zu sehen, waren so viele Einwohner in den Straßen, durch die sie kam, versammelt, daß man kaum noch weiterzugehen vermochte, denn das Volk konnte sich an ihr nicht sattsehen.»[44]

Am nächsten Tag kam der Graf von Dunois in die Herberge der

Orléans. Kupferstich, 16. Jahrhundert. Bibliothèque Nationale, Paris

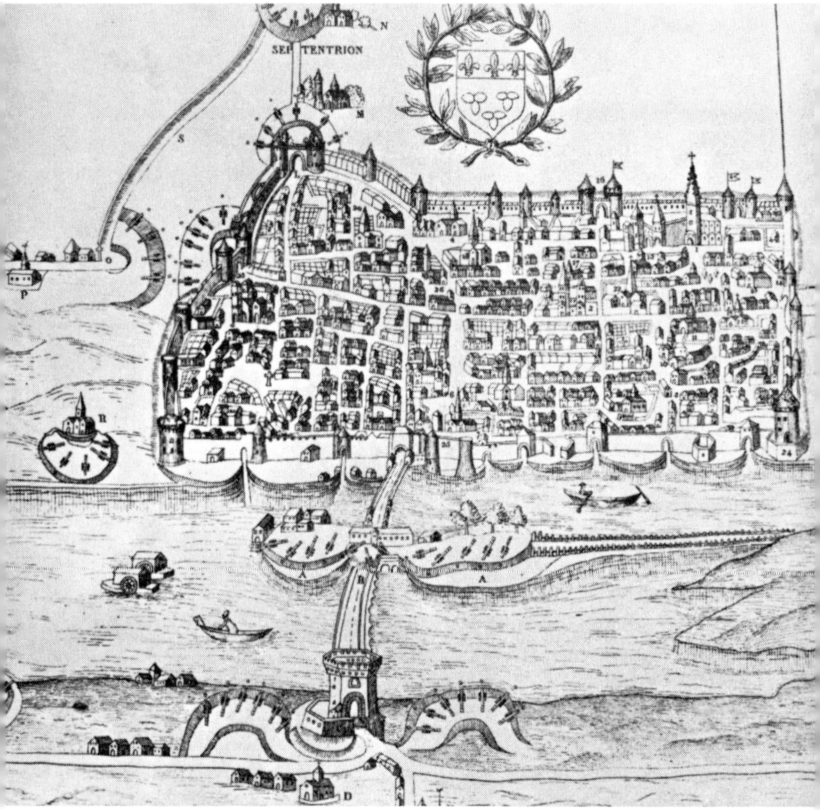

Jungfrau und vertraute ihr an, er habe erfahren, daß ein englischer Heerführer namens Fastolf (John Falstaff) im Begriff sei, Truppen und Proviant zur Verstärkung seiner Truppen heranzuführen. Darauf – so berichtet d'Aulon – habe Johanna erregt ausgerufen: *Bastard! Bastard! Im Namen Gottes befehle ich Euch, sobald Ihr von seiner Ankunft hört, es mich wissen zu lassen, denn wenn er vorbeizieht, ohne daß ich es weiß, verspreche ich, Euch den Kopf abreißen zu lassen.* Dunois, der offenbar Spaß verstand, erwiderte, sie könne unbesorgt sein, er werde es sie wissen lassen. Danach, so fährt d'Aulon fort, habe er sich erschöpft in der Kammer der Jungfrau auf eine Bettstatt gelegt und sie selbst mit ihrer Wirtin auf ein anderes Bett. Nach kurzer Zeit aber sei sie aufgesprungen und habe ihn mit den Worten geweckt: *Im Namen Gottes, mein Ratgeber hat mich geheißen, gegen die Engländer zu ziehen. Aber ich weiß*

Die Belagerung von Orléans.
Buchmalerei, 15. Jahrhundert.
Bibliothèque Nationale, Paris

nicht, ob ich gegen ihre Basteien oder gegen Fastolf, der ihnen Lebensmittel bringen soll, ziehen muß.[45]

D'Aulon half ihr, die Rüstung anzulegen, und sie ging, ohne auf ihn zu warten, auf die Straße, ließ sich von einem Pagen sein Pferd geben und eilte zur Pforte de Bourgogne, wo der meiste Lärm war. Als sie am Tor ankam und sah, wie man einen schwerverwundeten französischen Soldaten herbeitrug, sagte sie: *Ich habe noch nie das Blut eines Franzosen sehen können, ohne daß sich mir die Haare sträubten.*[46] Mit einigen Hauptleuten und deren Mannschaft ritt sie sodann zu einer der stärksten feindlichen Befestigungen, der Bastion St. Loup, die unter geringen eigenen, aber starken englischen Verlusten im Sturm genommen wurde. Es war der erste Kampf, an dem Johanna teilnahm, und dies aus eigenem

Antrieb und ohne daß man sie von der geplanten Operation unterrichtet hatte. Trotzdem wurde der Sieg, der erste wirkliche Erfolg seit langem, von den begeisterten Einwohnern der Stadt ihr und ihrer Eingebung zugeschrieben.

Zwischen den Oberbefehlshabern und ihr gab es dagegen immer häufiger Spannungen, sei es, daß diese eifersüchtig auf die Gunst waren, die Johanna beim Volk genoß, sei es, daß sie ihrer militärischen Erfahrung mehr trauten als den impulsiven Einfällen der Jungfrau. Auch unter den Hauptleuten äußerten manche unwillig, sie dächten nicht daran, sich von einer Frau kommandieren zu lassen.

Am 5. Mai richtete sie einen dritten Brief an die Engländer; der Text des zweiten ist nicht erhalten. *Euch Männern aus England, die Ihr kein Recht auf das Königreich Frankreich habt, befiehlt der König des Himmels durch mich, Johanna die Jungfrau, Eure Bastionen zu verlassen und in Euer Land zurückzukehren. Wenn Ihr das nicht tut, werde ich solch ein hahai* (Kriegsgeschrei) *erheben, daß man ewig daran denken wird. Diesmal schreibe ich Euch zum dritten- und letztenmal und werde Euch nicht wieder schreiben. Jhesus Maria. Johanna die Jungfrau.* Sie ließ den Brief durch einen Bogenschützen zu den Engländern hinüberschießen und rief: *Lest! Hier kommen Nachrichten.* Die Engländer riefen Beleidigungen zurück und nannten sie «Hure der Armagnacs», worüber sie in Schluchzen und Weinen ausbrach.[47]

Am 6. Mai wurde die Augustinerbastei von allen Seiten berannt und nach heftigem Sturm erobert, wobei die meisten Engländer getötet oder gefangengenommen wurden. Über den Anteil, den Johanna an dieser Aktion hatte, weichen die Berichte sehr voneinander ab; sicher ist nur, daß sie nicht in die Absichten der militärischen Führung eingeweiht wurde. Nach der glaubhaftesten Version, obwohl auch sie auf Hörensagen beruht, hätten die Feldherren beschlossen, an diesem Tag keinen Angriff zu unternehmen und die Bewachung der Stadttore angeordnet. Johanna aber habe darauf bestanden, einen Ausfall zu machen und das Bollwerk anzugreifen. Dem Befehlshaber de Gaucourt, der sich ihr widersetzte, habe sie erklärt, er sei böswillig. *Ob Ihr es wollt oder nicht, die Soldaten werden ausbrechen und sie werden siegen, wie sie anderwärts gesiegt haben.*[48] Dann habe sie sich mit dem Marschall La Hire an die Spitze der Truppe gesetzt, die die Bastei erstürmten.

Am Abend soll sie nach der Aussage des Feldkaplans Pasquerel über die vielen Gefallenen und Verwundeten geklagt haben. Sodann soll ein Ritter ihr mitgeteilt haben, daß die Heerführer beschlossen hätten, am nächsten Tag keinen Ausfall zu machen. Daraufhin habe sie zu ihm, Pasquerel, gesagt: *Steht morgen zeitig auf, früher als heute und tut Euer Bestes! Haltet Euch immer an meiner Seite, denn morgen muß ich viel tun, mehr als je zuvor, und morgen wird aus meinem Leib Blut fließen, oberhalb meiner Brust.*[49]

Johanna hat sich mit ihren Prophezeiungen öfter als einmal geirrt. Ob sie diesmal aus echter Vorhersicht, zum mindesten aus zutreffender Ahnung, sprach oder ob es sich um eine nachträgliche Erfindung Pasquerels handelt, der ohnehin nicht als besonders zuverlässiger Zeuge angesehen werden kann, muß offen bleiben.

Im Morgengrauen des nächsten Tages setzten die Franzosen zur Erstürmung des Forts der Tourelles, des stärksten Bollwerks der Engländer, an. Johanna, die immer in der vordersten Linie stand und die Soldaten anfeuerte, wurde von einem Pfeil an der Schulter getroffen und sank weinend und jammernd halb ohnmächtig um. Man löste ihr die Brustplatte und bedeckte ihre Wunde mit Öl und Fett, bis das Blut gestillt war. Dunois wollte daraufhin, und weil seine Männer erschöpft waren, den Angriff abbrechen, aber Johanna legte ihre Rüstung wieder an, ergriff ihr Banner und entflammte durch ihren leidenschaftlichen Angriffsgeist die müden und niedergeschlagenen Truppen derart, daß sie die Attacke

Die Ritter La Hire und Poton. Buchmalerei, 15. Jahrhundert. Bibliothèque Nationale, Paris

Graf Jean Dunois. Schule des Jean Fouquet. Slg. Heugel

erneut aufnahmen und gegen das Außenwerk anstürmten, das sie am späten Abend einnahmen.

Als Johanna in der Dunkelheit nach Orléans zurückkehrte, wurde sie mit Glockengeläut und dem Jubel der Bevölkerung empfangen, die ihr allein den Sieg zu verdanken glaubte. Daß auch an diesem Tag die eigentliche militärische Führung nicht in ihren Händen lag, wurde dabei übersehen, aber sicher übertreiben die von ihr begeisterten Augenzeugen nicht, wenn sie ihrem Mut und ihrer Unerschrockenheit einen entscheidenden Anteil an dem Erfolg zuschreiben.

Sie begab sich in ihr Quartier, um ihre Wunde pflegen zu lassen. Als der Wundarzt fertig war, aß sie vier oder fünf Scheiben gerösteten Brotes, die sie in stark verdünnten Wein tauchte – ihre einzige Nahrung an diesem Tag.

Am nächsten Tag meldeten die Wächter, daß die Engländer ihre Zelte abgebrochen und ihre Stellungen unter Zurücklassung der Feldgeschütze und Schleudermaschinen geräumt hatten. Johanna legte, da sie ihren Panzer noch nicht wieder tragen konnte, einen leichten Waffenrock an und ritt mit Dunois und La Hire zum Westtor der Stadt. Von einer Verfolgung der geflüchteten Feinde wurde auf ihren Wunsch abgesehen; sie wollte nicht, daß man die Heiligkeit des Sonntags durch Kampfhandlungen verletze.

Orléans war frei. Die Jungfrau hatte ihre erste große Aufgabe erfüllt, ihr «Zeichen» gegeben.

Verglichen mit der dankbaren Begeisterung, die das Volk ihr entgegenbrachte, war die offizielle Reaktion des Königs, dem man sofort den Sieg gemeldet hatte, zurückhaltend. In einem Brief, den die königliche Kanzlei im Namen Karls VII. an «alle guten Städte» richtete, heißt es, ein Bote habe soeben berichtet, «daß unsere Leute am letzten Freitag das Gebäude des Augustinerklosters erobert und am Samstag den Rest besagter Bastei, das Bollwerk der Brücke, angegriffen ... und schließlich durch große Kühnheit und Tapferkeit die gesamte Bastei erobert hätten ... Darum sollt Ihr noch mehr als zuvor unseren Schöpfer, der sich in seiner göttlichen Güte unserer entsann, loben und Ihm danken, und Ihr könnt nie genug die guten und wunderbaren Taten der Jungfrau loben, die, wie uns der anwesende Bote und auch andere berichteten, bei allen diesen Ereignissen stets persönlich dabei war.»[50]

Der Brief zeigt einerseits, daß schon damals Johanna allgemein bekannt war, so daß ohne jede Erläuterung von den «wunderbaren Taten der Jungfrau» gesprochen werden konnte. Andererseits wird aber nächst der Gnade Gottes den Militärs das Verdienst des Sieges zugeschrieben und lediglich die Anwesenheit der Jungfrau bei den Kämpfen lobend hervorgehoben.

Wurde damit, wohl mit Rücksicht auf die Heerführer, die aktive Rolle Johannas fast zu der eines die Erfolge begünstigenden Zuschauers heruntergespielt, so entfaltete die kollektive Wundergläubigkeit ein üppiges Geflecht von Legenden, die ihre Gestalt bisweilen ins Mythische steigerten. Sie wurde als Seherin, Wahrsagerin, ja als Heilige gepriesen, ihr Name wurde in Gottesdiensten genannt, und so rasch und weithin verbreitete sich ihr Ruhm, daß schon im Juli 1429 ein anonymer deutscher Geistlicher aus Speyer schrieb: «Nach einem neueren Gerücht, das die Hörer stark beeindruckt, ist in Frankreich eine Sibylle als Prophetin erschienen, die viel Aufsehen erregt und von allen wegen ihres Lebenswandels, ihrer Sitten und ihrer Sprache geachtet wird. Das Volk sagt, sie sei eine Heilige, habe Kriegserfahrung und könne den Ausgang der Schlachten weissagen. Nicht ohne Grund, wenn man die menschlichen

Der Herzog von Bedford im Gebet. Miniatur aus einem Stundenbuch. British Museum, London

Bedingungen und Zeitumstände bedenkt, vollbringt Gott seine Wunder und enthüllt seine Offenbarungen durch das weibliche Geschlecht, damit die Fürsten und Herren dieser Welt über sich die göttliche Macht fühlen und nicht nur auf Bogen und Schwert vertrauen . . . In der Jungfrau von Frankreich erkenne ich eine Sibylle, denn sie entscheidet über zukünftige Taten durch Intelligenz, Instinkt und geistige Offenbarung, die man als Vision bezeichnen kann, durch überzeugenden Rat und durch ihre persönlichen Taten und Handlungen.»[51]

Der himmlischen Legende steht die satanische gegenüber, wie sie sich sogar in amtlichen Dokumenten der englischen Seite kundgibt. In einem Brief des Herzogs von Bedford, der die englische Regentschaft in Frankreich innehatte, an seinen König ist von den «Zaubersprüchen einer teuflischen Frau, Pucelle genannt», die Rede. Weiter heißt es: «Alles stand gut für uns, bis wir (Gott weiß, auf wessen Rat) die Belagerung von Orléans begannen. Nachdem mein Vetter Salisbury, Gott sei ihm gnädig, gefallen war, kam über Eure dort zahlreich versammelten Leute ein schwerer Schlag, von der Hand Gottes, wie es schien. Meiner Ansicht nach wurde er jedoch zum großen Teil durch Aberglauben und blinde Furcht verursacht, die eine Anhängerin und Spionin des Teufels, Pucelle genannt, die von bösen Beschwörungen und Zauberei Gebrauch machte, erweckte. Dieser Schlag und die Niederlage haben nicht nur die Zahl Eurer Leute stark vermindert, sondern den übrigen auch den Mut geraubt und Eure Gegner veranlaßt, sich sofort in großer Zahl zu versammeln.»[52]

Die Freunde Johannas hat man nicht selten verdächtigt, in ihren Berichten übertrieben zu haben. Um so mehr Gewicht hat diese Stimme aus dem Lager des Feindes, zumal sie von einer hochgestellten Persönlichkeit kommt. Beweist sie doch überzeugend, wie stark, wie überwältigend die Ausstrahlung der Jungfrau nicht nur auf ihre Mitstreiter, sondern auch auf die gegnerischen Krieger gewesen sein muß.

Bereits zehn Tage nach ihrer Ankunft, am 9. Mai, verließ Johanna zur Enttäuschung der Einwohner, die sie ungern ziehen ließen, die Stadt Orléans und ritt mit Dunois und anderen dem König entgegen, der sich auf dem Weg von Chinon nach Tours befand. Sie traf ihn in Loches, verneigte sich tief vor ihm, der sie – eine einmalige Geste der Dankbarkeit – umarmte.

Einige Tage später, als der König sich in einer geheimen Kammer des Schlosses mit einigen Vertrauten beriet, klopfte sie an die Tür, trat ein, warf sich vor ihm nieder, umschlang seine Knie und sagte: *Edler Dauphin, versäumt nicht soviel Zeit mit Beratungen! Kommt so bald wie möglich nach Reims, um die Krone, die Euch gebührt, zu empfangen!*[53] Einer der Anwesenden fragte sie, ob ihr Ratgeber ihr das eingegeben hätte, was sie bejahte, und ob sie ihnen nicht hier vor dem König anvertrauen wolle, wer ihr Ratgeber sei und wie er zu ihr spreche. Johanna errötete und zögerte, und erst auf die Bitte des Königs antwortete sie, sie habe Gott geklagt, daß man ihr nicht glauben wolle, und nach beendetem Gebet habe sie eine Stimme vernommen, die zu ihr sagte: *Tochter Gottes, geh, geh, geh, ich werde dir helfen, geh!* Während sie diese Worte wiederholte, geriet sie in eine Art von Entrückung und richtete ihre Augen gen Himmel.[54]

Auch in den folgenden Wochen beharrte sie ungeduldig auf ihrem Wunsch, unverzüglich nach Reims zu ziehen, um dort ihr zweites Versprechen, die Krönung des Dauphins, einzulösen. Daß sich ihrem Drängen die Minister und Heerführer widersetzten, war wohl nicht, oder nicht nur, in der Eifersucht auf das siebzehnjährige Bauernmädchen, das so große Verehrung im Volk genoß und nicht ohne Einfluß bei Hof schien, begründet. Vielmehr sprachen gewichtige strategische Argumente dafür, zunächst die Engländer aus den von ihnen gehaltenen Stellungen entlang der Loire zu vertreiben. Zu den Beratungen, die hierüber im Kronrat angestellt wurden, wurde Johanna nicht zugezogen, und auch die Entscheidung, zunächst den Loire-Feldzug zu unternehmen, für die der engste Berater des Königs, La Trémoille, den Ausschlag gab, wurde ohne ihr Beisein getroffen.

In einer Kriegsgeschichte müßte hier die Schilderung der Kämpfe folgen, durch die im Verlauf einer Woche, vom 11. bis 18. Juni, die letzten der von den Engländern besetzten Städte und Burgen eingenommen wurden. Der Biograph Johannas kann sich von dieser Aufgabe der Militärhistoriker dispensieren und sich darauf beschränken, die Rolle, die Johanna bei diesen Aktionen spielte, zu rekonstruieren. Dabei wird sich zeigen, daß sie auch hier kein Kommando führte, wohl aber durch ihren

Lord Talbot. Stich aus einer illustrierten Shakespeare-Ausgabe, 1793

Die Schlacht von Patay am 18. Juni 1429. Miniatur, 1476

Angriffsgeist die Soldaten mitriß und dadurch mehrfach auch die militärischen Entscheidungen bestimmte. Ein Augenzeuge berichtet, sie sei in weißem Harnisch auf einem schwarzen Kampfroß gesessen und habe eine kleine Streitaxt in der Hand gehalten.

Die Ausgangssituation – um das kurz zu sagen – war so, daß die Franzosen über eine Armee von 8000 bis 10000 Mann verfügten, die Engländer die drei voneinander getrennten Garnisonen in Jargeau am linken, Meung und Beaugency am rechten Loireufer mit nur je etwa 600 Mann besetzt hielten. Trotzdem zögerten die französischen Truppen unter dem Befehl des Bastards von Orléans zunächst, Jargeau anzugreifen, aber Johanna versicherte: *Ihr habt nichts zu fürchten. Gott ist mit uns. Wenn ich das nicht genau wüßte, ginge ich lieber wieder Schafe hüten, als mich so großer Gefahr auszusetzen.*

Johanna überredet Karl VII., die Stadt Troyes anzugreifen. Buchmalerei, 15. Jahrhundert. Bibliothèque Nationale, Paris

Während des Sturms auf die Stadt wurde sie, die auf einer Leiter stand, von einem Stein getroffen und zu Boden geworfen. Sie raffte sich sogleich wieder auf und rief: *Freunde, Freunde, auf, auf! Unser Herrgott hat die Engländer verdammt. Sie sind unser in dieser Stunde. Habt guten Mut!* Jargeau fiel, die meisten Verteidiger wurden getötet, andere, unter ihnen der Kommandant Graf Suffolk, gerieten in Gefangenschaft. Ein englischer Truppenführer sagte aus, die Anwesenheit der Jungfrau habe seine Soldaten unsicher gemacht und entmutigt.

Johanna weinte beim Anblick der vielen Toten und noch mehr über die Brutalität eines Soldaten, der einen Gefangenen so mißhandelte, daß dieser tödlich verwundet umsank. Sie sprang von ihrem Pferd, nahm den Kopf des Sterbenden auf ihren Schoß und sprach ihm Trost zu. «Dies war», schreibt Anatole France spöttisch und ergriffen, «ihr Anteil an der

Schlacht. Es war der Anteil eines heiligen Mädchens.»

In den nächsten Tagen wurden auch Meung und Beaugency eingenommen und am 18. Juni die Engländer, obwohl sie Verstärkung unter Führung von Falstaff erhalten hatten, in offener Feldschlacht bei Patay geschlagen. Sir John Talbot wurde gefangengenommen. Der Herzog von Alençon, der unter den Heerführern die Jungfrau am meisten begünstigte, erzählt, daß Talbot ihm und ihr vorgeführt wurde. Er habe zu Talbot gesagt, man hätte am Morgen kaum gedacht, daß es so kommen würde, worauf dieser erwidert habe: «So ist das Kriegsglück!»[55]

Mit dem Sieg von Patay war die gesamte Orléanais zurückerobert. Die Armee versammelte sich in der zweiten Juni-Hälfte in Gien an der Loire. Die meisten der Fürsten königlichen Geblüts und der Feldherren waren auch jetzt noch dafür, auf die Normandie vorzurücken, aber Johanna bestand darauf, nach Reims zu ziehen, obwohl zwischen Gien und Reims mehrere Städte und Festungen im Besitz der Anglo-Burgunder waren. Sie war davon überzeugt, daß, wenn erst der König gesalbt und gekrönt sei, die Macht der Feinde immer schwächer würde und sie endlich weder gegen ihn noch gegen das Königreich etwas vermöchten.

Diesmal stimmte der König ihr zu, und so rückte die Hauptmacht über Auxerre auf Troyes vor und schloß die Stadt von allen Seiten ein. Man wußte, daß die schwache Garnison nicht lange würde standhalten können, und so ließ der König die Einwohner wissen, daß sie ihn ohne Furcht wegen der vergangenen Geschehnisse empfangen könnten, da er nicht gekommen sei, um Rache zu nehmen. Vom militärischen Standpunkt war der Besitz der Stadt keine Notwendigkeit. Entscheidend war das Prestige, denn in Troyes war 1420 der Vertrag abgeschlossen worden, durch den der wahnsinnige Karl VI. seinen Sohn, den «sogenannten Dauphin», enterbt hatte. Die Stadt hatte danach Heinrich VI. von England als französischen König anerkannt.

Auch Johanna schrieb einen Brief an die Einwohner, der das Gepräge des ihr eigenen Stils trägt: *Sehr liebe und teure Freunde, es hängt nur von Euch ab, Ihr Herren, Bürger und Einwohner der Stadt Troyes, das zu tun, was Johanna die Jungfrau Euch gebietet im Namen der Himmelskönigin: nämlich dem edlen König von Frankreich, der bald in Reims und Paris sein wird, wahren Gehorsam und Anerkennung zu zollen ... Getreue Franzosen, kommt alle König Karl entgegen ohne Furcht für Euer Leben noch für Eure Güter. Und wenn Ihr das nicht tut, so werden wir, das gelobe ich bei Eurem Leben, mit Gottes Hilfe in alle Städte einziehen, die zum heiligen Königreich gehören und werden, wer sich uns auch entgegenstellen mag, zu einem guten, sicherem Frieden kommen. Ich empfehle Euch Gott. Er möge Euch behüten, wenn es Ihm gefällt. Erwarte umgehend Antwort. – Vor der Stadt Troyes geschrieben*

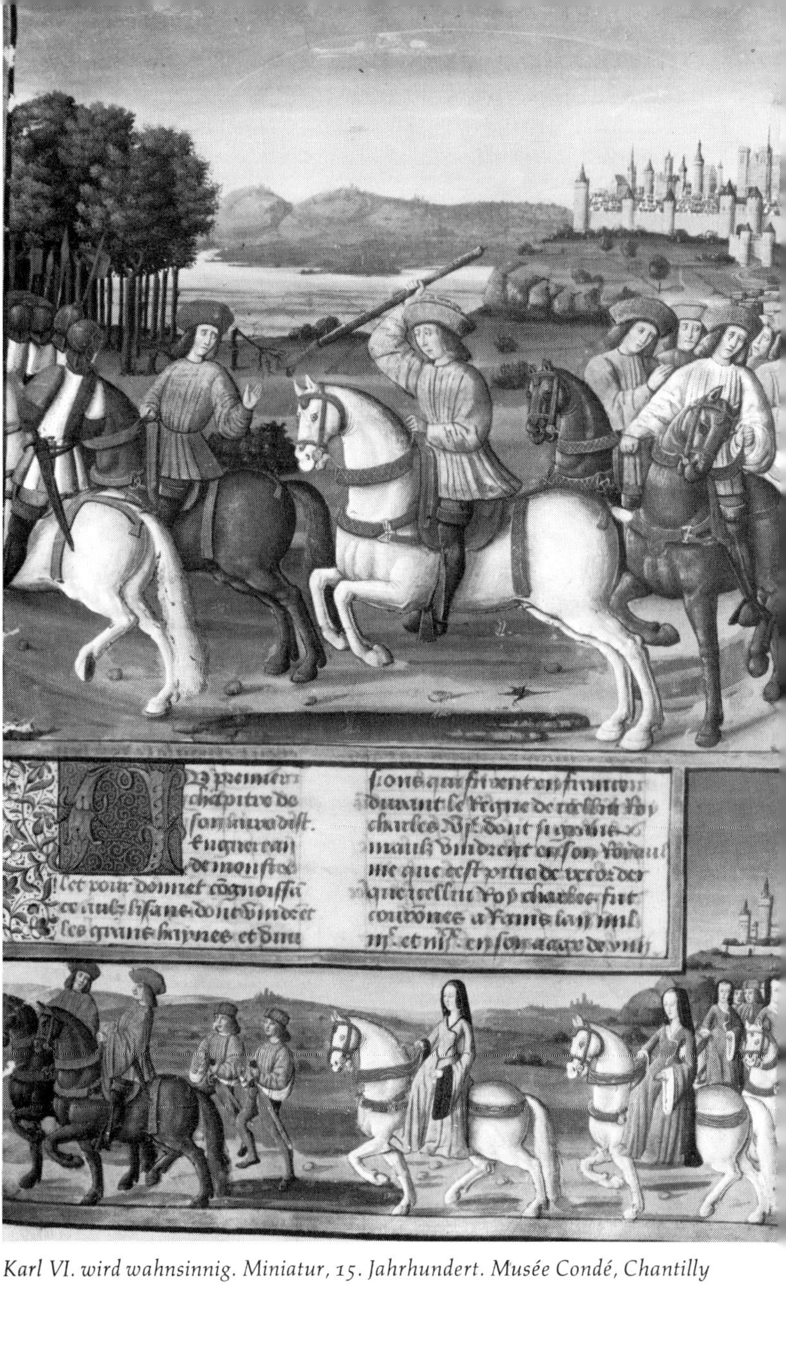

Karl VI. wird wahnsinnig. Miniatur, 15. Jahrhundert. Musée Condé, Chantilly

am Dienstag, dem 4. Tag des Juli.[56]

Auf den Brief des Königs antwortete der Rat der Stadt ausweichend, den Johannas warfen die Einwohner ins Feuer und nannten die Absenderin eine «vom Teufel besessene, dumme Person». Im Kronrat war man unschlüssig, ob man die Belagerung nicht abbrechen und an Troyes vorbei nach Reims ziehen solle. Ausnahmsweise wurde Johanna aufgefordert, an der Beratung teilzunehmen. Wie immer war sie für die direkte Aktion: *Edler Dauphin, befehlt Eurer Armee, Troyes zu belagern und haltet nicht länger Rat, denn ich werde es im Namen Gottes noch ehe drei Tage vergangen sind, im Guten oder mit Gewalt erreichen, daß Ihr in Troyes einziehen könnt, und die verräterischen Burgunder werden sehr erschrecken.* Dann ergriff sie ihr Banner und befahl dem Fußvolk, die Festungswälle mit Reisigbündeln aufzufüllen. Darauf sandten die Einwohner in der Furcht vor dem bevorstehenden Sturm Boten zum König,

Die Übergabe von Troyes. Bibliothèque Nationale, Paris

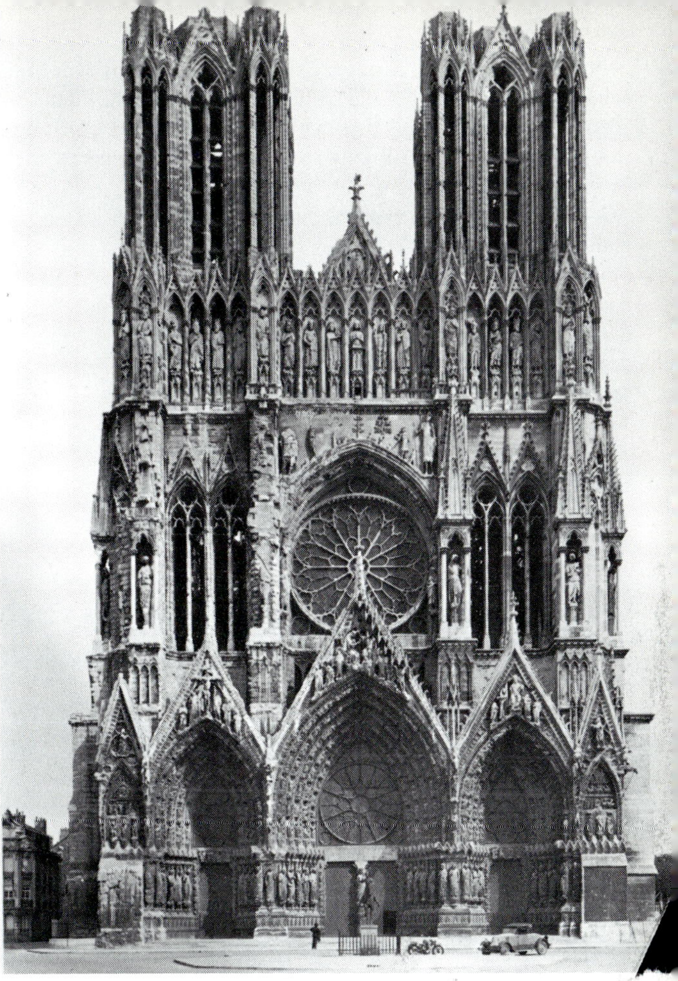

Reims: die Kathedrale

um über die Kapitulation zu verhandeln. Zu Johanna schickten sie den Minoritenbruder Richard, eine zweideutige Persönlichkeit, die damals viel von sich reden machte, damit er erkunde, ob die Jungfrau wirklich von Gott gesandt sei. Er ging auf sie zu, bekreuzigte sich und besprengte sie mit Weihwasser, worauf sie sagte: *Tretet kühn näher, ich werde nicht davonfliegen.*[57]

Am 10. Juli öffnete Troyes seine Tore und schwor dem König Gehorsam. Am 14. Juli ließ Châlons durch seinen Bischof dem königlichen Herold die Schlüssel der Stadt übergeben, und am 16. Juli zog der König mit seinem Gefolge in Reims ein, wo seit dem Frankenkönig Chlodwig fast ein Jahrtausend lang die Könige Frankreichs gesalbt und gekrönt worden waren. Bereits am nächsten Tag, einem Sonntag, fand in der Kathedrale von Notre-Dame die Krönung statt.

In feierlicher Prozession wurde das heilige Öl aus der Abtei von Saint-Rémy herbeigebracht und vor der Kathedrale dem Erzbischof Regnault von Chartres übergeben, der es zum Altar trug. Karl wurde von seinem Vetter, dem Herzog von Alençon, zum Ritter geschlagen und von den Baronen, die ihm Schwert und Zepter reichten, in einen blauen, mit goldenen Lilien bestickten Mantel gehüllt. Der Erzbischof las die Messe, salbte Karls Haupt, Hals, Schultern und Handflächen mit dem heiligen Öl und setzte ihm die Krone auf.

Die Krönung Karls VII. Miniatur, 15. Jahrhundert. Bibliothèque Nationale, Paris

König Karl VII. Skulptur von seinem Grabmal. Louvre, Paris

Johanna stand währenddessen mit ihrem Banner neben dem Altar. Als die Richter in Rouen sie fragten, warum ihre Fahne der der anderen Feldherren vorangetragen wurde, gab sie zur Antwort: *Sie hat an der Mühe teilgehabt, so war es ihr gutes Recht, an der Ehre teilzunehmen.* Nach der Zeremonie kniete sie vor dem König nieder und umarmte «unter heißen Tränen» seine Knie mit den Worten: *Edler König, jetzt ist es nach Gottes Gefallen geschehen, der es wollte, daß ich die Belagerung von Orléans aufhebe und Euch in diese Stadt Reims führe, damit Ihr*

Eure heilige Salbung empfangt. So wird sichtbar, daß Ihr der wahre König seid und eben der, dem das Königreich gehören soll.[58]

Unter den Soldaten und den Bürgern von Reims, die an diesem Tag dem König zujubelten, war auch Johannas Vater, der nach sieben Monaten seine Tochter, die ihn in einem ärmlichen roten Rock verlassen hatte, in einer glänzenden Rüstung wiedersah. Der König empfing den Bauern aus Domremy noch am gleichen Tage und gewährte ihm und den anderen Bewohnern seines Dorfs für alle Zeit Befreiung von Steuern und Abgaben. Johanna selbst wurde, wo sie sich auf den Straßen zeigte, begeistert begrüßt. Die Menschen drängten sich um sie, Frauen brachten Gebetbücher oder Bilder herbei, damit sie sie berühre. Sie lachte darüber und sagte: *Berührt sie selber! Eure Finger sind genauso gut wie die meinen.*[59]

Der steile, unwahrscheinliche Aufstieg der Jungfrau hatte seinen Höhepunkt erreicht.

Bereits Wochen vorher hatte Johanna einen Brief an Philipp den Guten von Burgund diktiert, in dem sie ihn in naiver Art beschwor, sich mit dem König von Frankreich auszusöhnen, zur Krönung nach Reims zu kommen und dort seinen ihm gebührenden Platz unter den Fürsten königlichen Geblüts einzunehmen. Sie hatte keine Antwort erhalten und richtete nun ein weiteres Schreiben an ihn: *Hoher und erlauchter Fürst, die Jungfrau fordert Euch im Namen des Himmelskönigs auf, daß Ihr mit dem König von Frankreich einen guten und dauerhaften Frieden schließt. Vergebt einander, wie es guten Christen ziemt, und wenn Ihr schon Krieg führen müßt, dann zieht gegen die Sarazenen. Fürst von Burgund, ich bitte Euch, ich flehe Euch so demütig an wie ich nur kann: Führt nicht länger Krieg gegen das heilige Königreich Frankreich und zieht Eure Leute eilends aus den Festungen des Reiches zurück! Was den edlen König von Frankreich angeht, ist er bereit, jeden Frieden mit Euch zu schließen, der sich mit seiner Ehre verträgt.*[60]

Noch bevor der Brief Herzog Philipp erreichte, traf eine burgundische Gesandtschaft in Reims ein, was darauf schließen läßt, daß die Ratgeber des Königs ohne Wissen Johannas Verhandlungen mit dem Burgunder eingeleitet hatten. Dessen Vorschlag war einigermaßen seltsam und hätte Mißtrauen hervorrufen müssen. Versprach er doch, Paris dem König zu übergeben, wenn dieser sich zu einem vierzehntägigen Waffenstillstand verpflichte. Der König nahm das Angebot an, das ihn zur Untätigkeit verurteilte, dem Gegner aber Zeitgewinn brachte. Was er nicht wußte war, daß über 3000 englische Ritter und Bogenschützen in Calais gelandet und auf Paris in Marsch gesetzt worden waren und daß Herzog Philipp gegen einen beträchtlichen Geldbetrag dem Regenten Bedford versprochen hatte, Paris mit allen Kräften zu verteidigen.

Johanna war sehr aufgebracht, als sie von dieser Abmachung erfuhr. Zwar wollte auch sie den Frieden mit Burgund, doch erkannte sie, daß man, wie wir heute sagen würden, aus einer Position der Stärke verhandeln müsse, während dem apathischen Temperament des Königs vorsichtige Diplomatie, wie sie ihm namentlich von La Trémoille und Regnault de Chartres empfohlen wurde, mehr entsprach.

So wurde die Armee, statt auf Paris vorzurücken, südwärts geführt, was einem Rückzug gleichkam, wenn dadurch auch verschiedene von den Engländern besetzte Städte und Festungen zwischen Reims und der Loire befreit werden konnten, deren Einwohner den König stürmisch begrüßten. Beim Einzug in eine der Städte ritt Johanna zwischen Dunois und dem Erzbischof und sagte, wie Dunois berichtet, angesichts der jubelnden Menge zu ihnen: *Was für ein gutes Volk! Niemals habe ich eines*

Philipp der Gute von Burgund. Gemälde von Rogier van der Weyden. Dijon, Museum

gesehen, das sich so sehr über die Ankunft eines edlen Königs freute. Wie froh wäre ich, wenn ich am Ende meiner Tage hier begraben würde!, worauf der Erzbischof antwortete: «Ach, Johanna, so habt Ihr eine Ahnung, wo Ihr sterben werdet?» Darauf sie: *Wo es Gott gefällt! Ich kenne weder Stunde noch Ort besser als Ihr. Wollte Gott, mein Schöpfer, daß ich jetzt heimgehe, die Waffen niederlegen und zu meinem Vater und meiner Mutter zurückkehren dürfte, ihnen die Schafe hüten zu helfen mit meinen Brüdern. Sie wären so glücklich, mich zu sehen!*[61]

Ein Ton von Resignation ist in solchen Worten unüberhörbar. Vielleicht spürte Johanna schon damals, daß ihr Einfluß auf Karl VII. und seine Umgebung nachzulassen begann, wenn auch das Volk sie weiterhin gläubig verehrte.

Die Bewegungen des französischen Heeres in diesen Wochen muten etwas planlos an. Nachdem es die Seine erreicht hatte, wurde es ohne ersichtlichen Grund wieder nordwärts über die Marne dirigiert. Hier erreichte den König am 7. August ein grob herausfordernder Brief des Herzogs von Bedford, in dem es hieß: «Wir, John von Lancaster, Regent von Frankreich und Herzog von Bedford tun Euch, Karl von Valois, der Ihr Euch ohne Grund König nennt, kund, daß Ihr gegen die Krone meines Herrn, des hohen und berühmten Fürsten Heinrich, des natürlichen und rechtmäßigen Königs von England und Frankreich frevelt, indem Ihr dem gemeinen Volk sagt, daß Ihr Frieden und Sicherheit bringt. Damit verführt und betrügt Ihr das unwissende Volk, und das erreicht Ihr nur mit Hilfe abergläubischer und verdammenswürdiger Personen, wie es jenes liederliche und schändliche Weib ist, das in Männerkleidung einhergeht . . .»[62]

Englische Langbogenschützen beim Angriff. Illustration aus einer Handschrift des 15. Jahrhunderts. Bibliothèque Nationale Paris

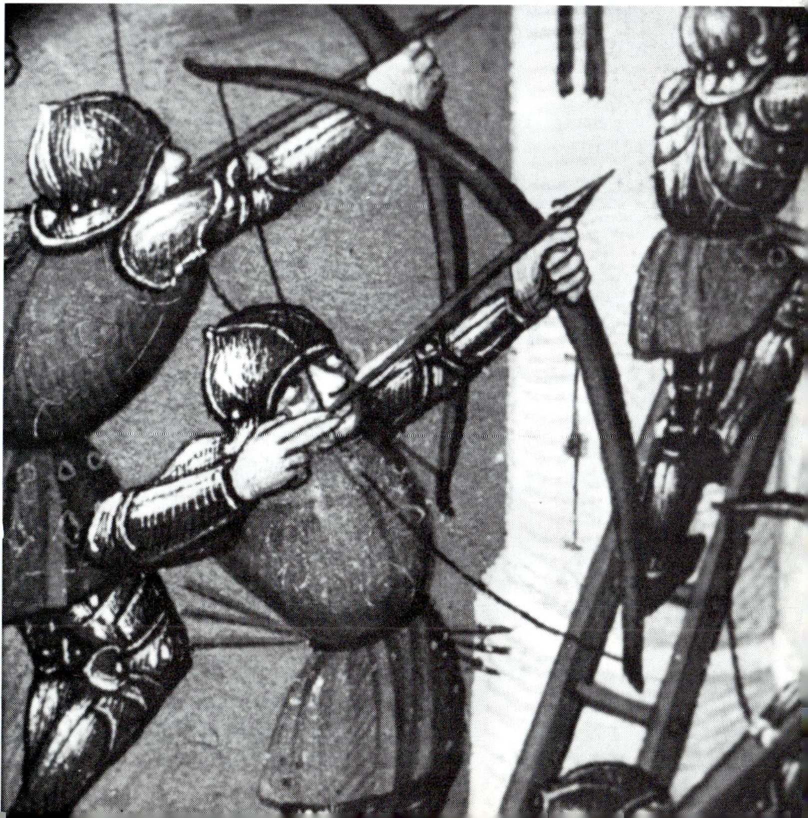

Eine Woche später schien es in der Nähe von Senlis, 50 Kilometer nordöstlich von Paris, wo sich die feindlichen Heere dicht gegenüber lagen, zu einer Entscheidungsschlacht zu kommen. Die Aussichten für die Franzosen waren günstig, aber statt zu kämpfen schickte Karl den Erzbischof Regnault zum Herzog von Burgund, um aufs neue über einen Friedensvertrag zu verhandeln. Unterdessen zog er sich nach Compiègne zurück.

Johanna, die schon von Reims aus sofort nach Paris hatte ziehen wollen, bedrängte den Herzog von Alençon, endlich zur Eroberung der Hauptstadt aufzubrechen. Der König gab dazu zwar seine Einwilligung,

Johanna mit ihren Truppen vor Paris: der Versuch, den Wassergraben mit Planken und Reisig zu überbrücken. Miniatur, 15. Jahrhundert. Bibliothèque Nationale, Paris

verhandelte aber weiter mit Burgund über einen längeren Waffenstillstand. So stieß er auch erst am 7. September zu den Truppen Alençons, der von Saint-Denis aus den Sturm auf Paris vorbereitete. Dieser hatte wohl mit einer Volkserhebung zugunsten Karls VII. gerechnet und die Bürger von Paris durch Briefe zu friedlichem Nachgeben zu überreden versucht. Aber auch die Wankelmütigen wagten nicht, der Aufforderung nachzukommen, teils aus Furcht vor der englischen Besatzung, teils aus Mißtrauen gegen die Versprechungen der französischen Belagerer.

Der Sturm auf die Stadt am 8. September begann unter ungünstigem Vorzeichen, denn an diesem Tag beging man das Fest der Geburt Marias,

Paris mit der Kathedrale Notre-Dame. Gemälde von Jean Fouquet (Ausschnitt). Bibliothèque Nationale, Paris

und es galt als Sünde, an einem Feiertag zu kämpfen. Unter den vielen Punkten der späteren Anklage fehlt denn auch dieser Verstoß gegen das Gebot der Kirche nicht.

Zudem waren die Franzosen ungenügend vorbereitet. Nachdem sie gegen Mittag die Barrikaden vor Saint-Honoré im Norden der Stadt überrannt hatten, standen sie vor einem breiten Wassergraben, den sie vergeblich mit Hilfe von Reisigbündeln zu überqueren versuchten. Johanna rief vom Rand des Grabens zu den Verteidigern hinüber: *Ergebt Euch auf der Stelle, denn, bei Jesus, wenn Ihr Euch nicht vor dem Abend ergeben habt, werden wir mit Gewalt eindringen, ob Ihr es wollt oder nicht, und Ihr werdet alle ohne Gnade getötet werden.*[63] Kurz darauf wurde sie von einem Armbrustbolzen, der ihren Panzer durchschlagen hatte, am Schenkel getroffen, so daß sie umsank. Gleichzeitig traf ein anderes Geschoß den jungen Ritter, der ihre Fahne trug, tödlich zwischen die Augen. Er stürzte vom Pferde, und mit ihm fiel Johannas weiße Fahne zu Boden – ein weiteres böses Omen für manche aus ihrer Umgebung. Am späten Abend mußten sich die Franzosen, die schwere Verluste erlitten hatten, zurückziehen. Zwar rückte am nächsten Tag Johanna trotz ihrer Verwundung mit Alençon an der Spitze der Truppen erneut, diesmal von Süden, gegen Paris vor. Aber dann erreichte sie ein Befehl des Königs, unverzüglich nach Saint-Denis zurückzukehren.

Nächst der Befreiung von Orléans und der Krönung in Reims hatte die Jungfrau die Eroberung von Paris als dritte der ihr von Gott aufgetragenen Taten vorausgesagt. Wie würde sie es aufnehmen, daß ihr Sendungsglaube sie diesmal getäuscht hatte? Die Antwort, die sie ihren Richtern in Rouen auf deren Frage gab, ob ihre Stimmen ihr den Angriff auf Paris geheißen hätten, zeigt, wie virtuos, wenn auch unbewußt, sie ihre autosuggestiven Begabungen zu handhaben verstand. *Nein,* sagte sie, *ich stand damals nicht unter dem Befehl meiner Stimmen. Ich ging, weil die Feldherren ein Gefecht suchten, und weil ich selbst gerne die Wälle der Stadt überstiegen hätte.*[64] Nicht ihre Stimmen also hatten sie irregeleitet, vielmehr hatten die Heerführer und ihr eigener Wille den Mißerfolg verschuldet.

Das Verhalten des Königs, der sich von Saint-Denis auf seine Schlösser an der Loire zurückzog, läßt sich nur mit seinem andauernden Bestreben, unbedingt zu einem Ausgleich mit Burgund zu kommen, erklären – einer Politik, die erst Jahre später im Frieden von Arras 1435 zum Erfolg führen sollte. Damals, im Herbst 1429, machte er der Gegenseite immer neue Zugeständnisse, ohne zu merken, daß Herzog Philipp, der sich von einer Mittlerrolle zwischen Frankreich und England den meisten Gewinn versprach, ein Doppelspiel trieb. Um ihn nicht durch militärische Aktionen zu verstimmen, entließ Karl den größten Teil seines Heeres und verpflichtete sich in einem erneuten, bis zum April 1430 verlängerten Waffenstillstand, Paris nicht wieder anzugreifen. Am Hof standen sich die Kriegspartei – Alençon, La Hire, Dunois und Johanna – und die um Frieden bemühten Diplomaten, geführt von La Trémoille und Regnault de Chartres, schroff gegenüber.

Als Alençon einsah, daß er zur Untätigkeit verurteilt war, entschloß er sich, mit seinen Leuten in die Provinz Maine, südlich der Normandie, zu ziehen, um seine dort gelegenen Besitzungen zurückzuerobern. Er bat den König, so berichtet Perceval de Cagny, der zuverlässigste Chronist jener Monate, ihm die Jungfrau, auf die er nach wie vor sein Vertrauen setzte, mitzugeben, aber die königlichen Räte «wollten weder einwilligen noch bewirken noch dulden, daß die Jungfrau und der Herzog von Alençon zusammen seien»[65]. So rückte der Herzog ohne sie ins Feld, und Johanna sah ihren Freund und Fürsprecher, ihren «liebenswürdigen Herzog», nicht wieder.

In der Folgezeit wechselte Karl VII. mehrmals seine Residenz. Wahrscheinlich war Johanna zeitweise in seiner Umgebung, doch läßt sich ihre Spur während der nächsten Monate nicht immer genau verfolgen. Mit Sicherheit wissen wir, daß sie sich drei Wochen in Bourges aufhielt und längere Zeit auf dem Schloß von La Trémoille in Sully-sur-Loire. Erst Ende Oktober entschloß sich der Kronrat wieder zu einem militärischen Unternehmen, durch das zwei kleine Städte im Gebiet der Loire, die noch im Besitz des Gegners waren, zurückgewonnen werden sollten. In Bourges wurde eine Armee unter dem Herrn von Albret aufgestellt, zu der auch Johanna gehörte, von der das Volk immer noch glaubte, sie hätte den Oberbefehl. Zunächst wandte man sich gegen St. Pierre-le-Moustier, das etwa 25 Kilometer westlich der Loire liegt.

Die einzige Schilderung, die wir von der Eroberung der Festung haben, stammt von Jean d'Aulon, dem Intendanten der Jungfrau, wie der Titel ihres Leibwächters lautete. Danach wurde der erste Angriff kraft der Übermacht der seit Tagen Belagerten abgewiesen, so daß die Franzosen

Das Schloß von Sully an der Loire

sich zurückziehen mußten. Als d'Aulon, der zu der Zeit wegen einer Verwundung an Krücken ging, merkte, daß Johanna nicht unter ihnen war, bestieg er sein Pferd, um sie zu suchen und fand sie mit vier oder fünf Mann vor einem Wassergraben. Auf seine Frage, was sie hier allein mache und warum sie sich nicht mit der Hauptmacht zurückgezogen habe, nahm sie den Helm ab und sagte, sie sei nicht allein, sie habe noch viele Tausende ihrer Krieger um sich und werde nicht weggehen, bevor die Stadt eingenommen sei. Dann habe sie ihm befohlen, Reisigbündel und Leitern bringen zu lassen, damit man eine Brücke über die Gräben bauen könne, und habe mit lauter Stimme gerufen: *Alle Mann hierher und die Brücke gebaut!* «Darüber», so schließt der Bericht, «war ich höchst erstaunt, denn alsbald wurde die Stadt, ohne daß wir großen Widerstand fanden, im Sturm genommen.»[66]

An der Gutgläubigkeit des Junkers d'Aulon zu zweifeln besteht kein Grund, wenn auch seine Erzählung die Tatsachen sicher nicht richtig wiedergibt. Wir möchten uns hier der Vermutung des französischen Historikers Jacques Cordier anschließen, es habe sich bei Johannas

Wahnvorstellung um eine halluzinatorische Störung gehandelt, die d'Aulon derart beeindruckte, daß er nur sie in Erinnerung behielt und später vergaß, daß die Stadt erst bei einem zweiten Angriff am nächsten Tag eingenommen wurde.[67] Als die Soldaten in die Stadt eindrangen, wollten sie – so berichtet ein Augenzeuge – eine Kirche plündern, was Johanna «männlich» verbot und dadurch verhinderte, daß etwas von den Kirchengütern geraubt wurde.[68]

Da es der Armee an Geschützen, Pulver, Salpeter, Schwefel, Bogen und Armbrüsten mangelte, schrieb Johanna nach ihrer Gewohnheit einen Brief an die nahe liegende Stadt Riom, in dem sie die Bewohner eindringlich bat, ihr mit Kriegsgerät auszuhelfen, das für die Belagerung von La Charité benötigt werde.[69] Dieser Brief ist nicht wegen seines Inhalts, sondern aus zwei anderen Gründen interessant und erwähnenswert. Zum einen ist er im Unterschied zu früheren, von ihr diktierten Briefen in einem gewandten Stil verfaßt, und die Wendungen decken sich fast wörtlich mit denen eines gleichzeitig vom Kommandanten d'Albret nach Riom geschickten Schreibens. Offensichtlich also stammt der Wortlaut nicht von ihr, deren Namen darunterzusetzen der Armeeführer jedoch für nützlich hielt. Zum anderen war ihr Brief mit einem Fingerabdruck und einem in Wachs gedrückten schwarzen Haar gesiegelt. Das war damals nicht unüblich, aber es wäre, falls es, wie anzunehmen, ein Haar von Johanna war, einer der wenigen Hinweise darauf, daß sie brünett gewesen ist.

Die Belagerung von La Charité, die Mitte November begann, mußte nach einem Monat abgebrochen werden. Der Rückzug erfolgte offenbar überstürzt, denn die Truppen ließen einen Teil ihrer Geschütze zurück. Auch für diesen Mißerfolg machte Johanna die Feldherren verantwortlich; ihre Stimme, so sagte sie später, habe ihr nicht zu dem Angriff geraten. Im Volk jedoch begannen manche an ihrer Wunderkraft zu zweifeln und glaubten, daß ihre Stimmen sie verlassen hätten. Am Hofe wollte man wohl nicht auf den Nimbus verzichten, den sie immer noch auf viele, die von ihren übernatürlichen Kräften überzeugt geblieben waren, ausstrahlte. Jedenfalls wurde ihr im Dezember eine ehrenvolle Auszeichnung durch den König, der stets politisch dachte, zuteil. Zusammen mit ihren Eltern und Brüdern und ihrer gesamten Nachkommenschaft wurde sie in den Adelsstand erhoben.

In dem im Namen des Königs ausgestellten Dekret heißt es: «Wir wollen Uns dankbar zeigen für die zahlreichen und großen Wohltaten der göttlichen Macht, die Uns durch Unsere teure und vielgeliebte Jungfrau Jeanne d'Ay aus Domremy erwiesen wurden . . . und die sich noch, das ist Unsere Hoffnung, durch das Wirken der göttlichen Gnade vermehren werden . . . Außerdem geschieht dies in Anbetracht der lobens-

Johannas Wappen: Schwert, Krone und zwei Lilien

werten, willigen und nützlichen Dienste, die besagte Johanna Uns und dem Königreich bei vielen Gelegenheiten geleistet hat . . .»[70] Hinter den «zahlreichen und großen Wohltaten» der durch die Jungfrau erwiesenen göttlichen Macht treten die persönlichen «lobenswerten, willigen und nützlichen Dienste», die sie geleistet hat, merklich zurück. Die königliche Dankerweisung galt also nicht in erster Linie der Kriegerin oder gar militärischen Führerin, sondern ihrer religiösen Begnadung, von der man sich auch in Zukunft Hilfe versprach.

Was die Benennung «Jeanne d'Ay» betrifft, so vermutet der so verdienstvolle Forscher Jules Quicherat hier einen Schreibfehler des Kopisten; indessen finden sich in den Akten jener Zeit, die noch nicht die festgelegte Namensidentität kannte, neben der uns geläufigen Schreibweise d'Arc auch Darc, Tarc, Dare und Day.

Während des Winters schleppten sich die Friedensverhandlungen zwischen König Karl und Herzog Philipp dahin, ohne ein Ergebnis zu bringen. Allmählich wurde dem König klar, daß der Burgunder die Zeit zu militärischen Operationen nutzte, durch die es ihm allerdings nicht gelang, die Champagne zu besetzten und die Städte an der Oise, die dem König treu geblieben waren, vor allem Compiègne, unter seine Herrschaft zu bringen. Als seine Absicht, Reims anzugreifen, offenkundig wurde, richtete Johanna an die darüber besorgten Bürger eine Botschaft, deren aggressiver, hastiger und persönlicher Stil und Ton erkennen lassen, daß er diesmal sicher von ihr selbst diktiert wurde. *Sehr teure und vielgeliebte Freunde, die ich gern besuchen würde, Johanna die Jungfrau hat Eure Briefe empfangen, in denen Ihr Eure Furcht, belagert zu werden, erwähnt. Ihr solltet wissen, daß das nicht geschehen wird, wenn ich ihnen entgegentreten kann. Doch sollte es geschehen, daß ich ihnen nicht begegne und sie vor Euch ständen, so schließt die Tore, denn ich werde bald bei Euch sein ... und werde sie zwingen, ihre Sporen so schnell anzulegen, daß sie nicht wissen, wie sie es anfangen sollen, und ihre Vernichtung wird so schnell vor sich gehen, daß Ihr bald damit rechnen könnt. Etwas anderes kann ich Euch im Augenblick nicht schreiben, aber bleibt immer gut und treu! Ich bitte Gott, er möge Euch in seinen Schutz nehmen.*[71] Es ist dies einer der ersten Briefe, die sie mit ihrem Namen, wenn auch in unbeholfener Schrift, unterzeichnete.

Kurz danach, Anfang April, brach sie, ohne vom König, den sie nicht wiedersehen sollte, Abschied zu nehmen, mit einer Eskorte von etwa zweihundert Mann, unter ihnen Jean d'Aulon und ihr Bruder Pierre, auf, um dem bedrohten Compiègne zu Hilfe zu kommen. Daß ihr Unternehmen, wie einige Chronisten behaupten, sogar ohne Wissen des Königs geschah, ist unwahrscheinlich, aber sicher trug ihre Ungeduld und ihre Unzufriedenheit mit der militärischen Passivität des Hofes zu ihrem Entschluß bei.

In der Osterwoche, um den 22. April, hörte sie auf den Wällen von Melun die Stimmen der heiligen Katharina und der heiligen Margareta, die ihr sagten, daß sie noch vor dem Johannistag in Gefangenschaft geraten würde. Sie solle sich darüber nicht entsetzen, sondern es willig hinnehmen, denn Gott würde ihr helfen. *Ich bat sie, wenn ich gefangen würde, gleich sterben zu dürfen, ohne lange Qual der Gefangenschaft. Die Stimmen antworteten, ich solle alles hinnehmen, es müsse so geschehen. Aber sie sagten mir nicht die Stunde. Manchesmal habe ich sie gebeten, mir die Stunde zu nennen. Und sie nannten sie mir nicht ...*

Wenn ich die Stunde gewußt hätte, zu der ich gefangengenommen würde, so wäre ich keineswegs gern gegangen. Doch hätte ich am Ende den Befehl ausgeführt, was auch immer mir zugestoßen wäre.[72]

In Melun hatten sich die königstreuen Bürger gegen die anglo-burgundische Besatzung aufgelehnt und sie vertrieben, so daß Johanna und ihre Begleiter ohne Kampf in die Stadt einrücken konnten. Anfang Mai trafen sie in Compiègne ein, dessen Bewohner jeden Tag die Ankunft der Belagerer befürchteten. Johannas kleine Hilfstruppe vereinigte sich mit einer größeren Streitmacht, die ungefähr gleichzeitig dort eingetroffen war. Für Herzog Philipp war die Eroberung der Stadt im Tal der Oise entscheidend wichtig, weil diese ihm den Zugang nach Paris versperrte. Er ließ seine Männer in verschiedenen Dörfern am rechten Ufer des Flusses Stellung beziehen, so daß die Franzosen mit einem Sturm auf die Stadt rechnen mußten. So entschlossen sie sich am Morgen des 23. Mai

Compiègne

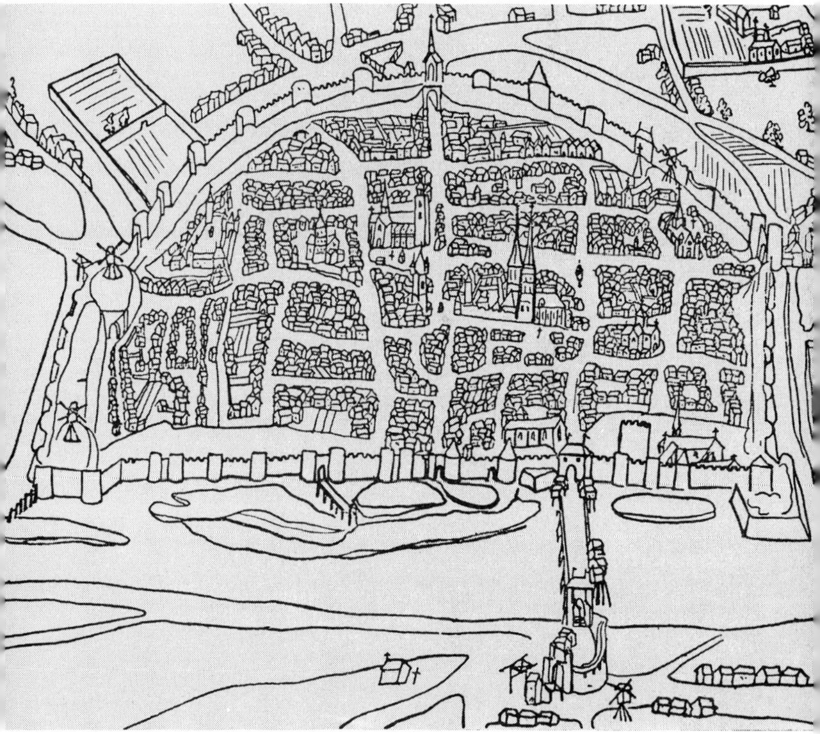

Die hl. Katharina.
Holzstatue,
14. Jahrhundert.
Kirche St. Catherine
de Fierbois

Die hl. Margareta.
Holzstatue,
15. Jahrhundert.
Museum Münster

Die Gefangennahme. Miniatur, 15. Jahrhundert. Bibliothèque Nationale, Paris

zu einem Ausfall und überschritten die Oisebrücke. Den Brückenkopf ließ der Stadtkommandant de Flavy von Bogenschützen besetzen, um den Kampftruppen im Notfall den Rückzug zu sichern.

Nachdem diese sich zunächst erfolgreich geschlagen und Terrain gewonnen hatten, setzten am Nachmittag die Burgunder, die Verstärkung erhalten hatten, unter Johann von Luxemburg, einem Vasallen Philipps, zum Gegenangriff an, den sie mit überlegenen Kräften so wuchtig vortrugen, daß die Franzosen, die schwere Verluste erlitten hatten, in wilder Flucht über die rettende Brücke in die Stadt hasteten. Darauf tat der Hauptmann de Flavy das einzige, was militärisch sinnvoll war: er ließ die Zugbrücke hochziehen und die Stadttore schließen. Die Version, daß dabei Verrat im Spiel war – de Flavy war ein naher Verwandter des Johanna nicht wohlgesinnten Erzbischofs Regnault – ist historisch als unhaltbares Gerücht erwiesen.

Johanna, die verzweifelt weiterkämpfte und den wenigen, die noch um sie waren, in jäher Leidenschaft befahl, Widerstand zu leisten, fand bei ihnen kein Gehör. Sie griffen in die Zügel ihres Pferdes und wollten sie mit Gewalt stadtwärts ziehen. Doch der Rückweg war abgeschnitten, sie wurden umzingelt, und Johanna wurde von einem burgundischen Bogenschützen an ihrem Mantel gefaßt und zu Boden gerissen. Sie versuchte, sich zur Wehr zu setzen, bis ein anderer Soldat herzutrat und ihr erklärte, daß er ein Edelmann sei. «Ihm ergab sie sich und gab ihm ihr Wort.» Mit ihr wurden Jean d'Aulon und ihr Bruder Pierre gefangengenommen und unter starker Bewachung nach Margny, dem Hauptquartier der Burgunder, gebracht.

Es war am 23. Mai gegen sechs Uhr abends, «als ihr das Schicksal zum letztenmal erlaubte, die Waffen zu tragen und wo ihr Ruhm ein Ende fand»[73].

Die Zeit von Johannas Aufbruch aus Domremy bis zur Ankunft vor Orléans hatte viereinhalb Monate, von Mitte Dezember 1428 bis Ende April 1429, gedauert. Die aktive, kämpferische Phase ihres Lebens, die darauf folgte, erstreckte sich über mehr als ein Jahr, bis zu jenem 23. Mai 1430, an dem sie gefangen wurde und «ihr Ruhm ein Ende fand». So jedenfalls sah es der zeitgenössische Historiograph, den wir soeben zitiert haben.

Auch ohne über das schillernde Wort «Ruhm» zu meditieren, kann man den Schicksalsweg der Jeanne d'Arc unter einer anderen Perspektive betrachten. Ihr letztes Jahr bis zum Feuertod erscheint dann in anderem Licht. Man kann es – und wir wollen es tun –, auch wenn es keine Waffentaten aufweist, ihr rühmenswertestes nennen. Nie trat ihre Glaubensgewißheit, ihre Lauterkeit, ihre Standhaftigkeit, ihre geistige Kraft und Wachheit heller zutage, und nie war sie menschlicher, rührender und größer in ihrer Menschlichkeit.

Die Nachricht von ihrer Gefangennahme wurde von den Burgundern sofort verbreitet und löste auf beiden Seiten heftige, natürlich entgegengesetzte Reaktionen aus. Bereits am 26. Mai forderte die Pariser Universität, die treue Verbündete der Engländer, in einem mit dem «Siegel der Heiligen Inquisition» versehenen Schreiben von Herzog Philipp, «besagte Johanna, die verschiedener ketzerischer Verbrechen sehr verdächtig ist, als Gefangene vor uns zu führen, damit sie vor uns und dem Untersuchungsrichter der Heiligen Inquisition erscheine und man mit Rat und Hilfe der Doktoren und Magister der Universität Paris und anderer würdiger Ratgeber, wie es sich gebührt, vorgehen kann»[74].

Daß La Trémoille, wie erzählt wurde, durch die Nachricht vor Freude außer sich geriet, ist ganz unglaubwürdig. Zwar hatte er sich oft Johannas Plänen widersetzt, aber ihre religiöse Wirkung hatte er eher unterstützt; auch war er in seiner Machtfülle bei allen militärischen oder politischen Entscheidungen ihr viel zu überlegen, als daß er sie als ernst zu nehmenden Gegner hätte betrachten können.

Den Ausdruck persönlicher Feindschaft dagegen hat man in einem Brief sehen wollen, den der Kanzler und Erzbischof Regnault de Chartres an die Bürger von Reims schrieb und der in der Literatur immer wieder schändlich genannt wird. Es heißt darin, daß Johanna ihr Schicksal selbst verschuldet habe, weil sie keinen Rat annehmen wollte und immer nur nach ihrem eigenen Willen handelte.[75] Wie immer nun der Kanzler persönlich zu Johanna gestanden haben mag – man wird seine Äußerung vor allem als diplomatisch geboten verstehen müssen: da er weder Gott noch den König verantwortlich machen konnte, mußte er Johanna selbst die Schuld an ihrer Gefangennahme geben. Daß Bedford und die Engländer über das Mißgeschick der «Hexe und Ketzerin» triumphierten, versteht sich von selbst, denn sie mußten ja beweisen, daß die Jungfrau nicht in göttlichem Auftrag gehandelt und ihnen Niederlagen zugefügt hatte.

In Frankreich rief die Nachricht Trauer und Bestürzung hervor. In vielen Städten wurden Bittgottesdienste für die Befreiung Johannas abgehalten, und der König wurde in zahlreichen Briefen angefleht, sich für sie einzusetzen. Er hätte zum mindesten versuchen können, einen Austausch Johannas gegen den englischen Heerführer Talbot, den er gefangen hielt, zu erreichen. Aber er unternahm überhaupt nichts.

Der Aufforderung der Pariser Universität, die Gefangene der Inquisition auszuliefern, kam Herzog Philipp zunächst nicht nach. Johanna wurde auf Schloß Beaulieu, unweit von Compiègne, gebracht und dort in ehrenvoller Haft gehalten; ihr Kampfgefährte Jean d'Aulon durfte bei ihr sein. Trotzdem unternahm sie einen Fluchtversuch, wurde aber im Schloßhof wieder eingefangen. Darauf brachte man sie nach Schloß Beaurevoir bei Cambrai, wo die Frau Johanns von Luxemburg und ihre Tante, die alte Demoiselle de Luxembourg, residierten. Die beiden Damen, die ihr offenbar wohlwollten – sie verwendeten sich dafür, daß sie nicht an die Engländer ausgeliefert werden sollte –, boten ihr Frauenkleider an, aber sie sagte: *Dazu habe ich noch nicht die Erlaubnis des Herrn, und es ist noch nicht an der Zeit.*[76] Die Antwort zeigt, daß sie ihre Sendung keineswegs für beendet hielt.

Einige Zeit später hörte sie, daß sie den Engländern ausgeliefert werden sollte. In ihrer Verzweiflung – *Ich wollte lieber sterben, als in die Hand der Engländer fallen* – unternahm sie, obwohl ihre Heiligen sie gewarnt hatten, den waghalsigen Versuch, sich an einem Seil von dem Turm, in dem sie eingekerkert war, hinabzulassen. Das Seil riß, sie stürzte aus großer Höhe ab und lag drei Tage bewußtlos. Als sie wieder zu sich kam, sagte ihr die heilige Katharina, sie solle bereuen und von Gott Verzeihung für den Sprung erbitten.[77] Im Prozeß wollten ihr die Richter unterstellen, sie habe damals Selbstmord begehen wollen, aber sie erwiderte: *Nein, als ich sprang, befahl ich mich Gott an. Ich glaubte, durch den Sprung entkommen zu können und so nicht den Engländern ausgeliefert zu werden.*[78]

Inzwischen hatten diese ihre Versuche, Johanna in ihre Gewalt zu bekommen, fortgesetzt. Sie bedienten sich dazu eines Mannes, der ihnen nach seiner Karriere als dafür besonders geeignet erscheinen mußte, des damals etwa sechzigjährigen Bischofs von Beauvais, Pierre Cauchon. Als Lehrer des kanonischen Rechts an der Universität Paris, deren Rektor er mehrmals war, hatte er am Konzil von Konstanz teilgenommen. Bei dem verhängnisvollen Vertrag von Troyes (1420) hatte er eine wichtige Rolle

Erzbischof Regnault de Chartres. Zeitgenössischer Stich

gespielt, und als die Stadt Beauvais Karl VII. als rechtmäßigen König anerkannte, hatte er sich auf die Seite der Engländer geschlagen und war zum Ratgeber des Königs von England und zum Hofkaplan der Königin ernannt worden.

Schon im Juli 1430 hatte er im Namen seines Herrn den Herzog von Burgund und Johann von Luxemburg ersucht, «jene Frau, die gemeinhin Johanna die Jungfrau genannt wird, dem König auszuliefern, damit dieser sie der Kirche übergibt, um ihr den Prozeß zu machen, weil sie verdächtigt und beschuldigt wird, mehrere Verbrechen begangen zu haben: Hexerei, Götzendienst, Umgang mit Dämonen und verschiedene andere Verstöße gegen den rechten Glauben»[79]. Zugleich bot er im Namen des Königs von England 6000 Frank als Lösegeld an. Nach viermonatigen Verhandlungen wurde Johanna für den enormen Kopfpreis von 10000 Frank Ende November an die Engländer ausgeliefert.

Die Geistlichkeit von Paris wollte den Prozeß an sich ziehen, aber den Engländern schien dieser Ort, der immer noch von den Franzosen bedroht war, zu unsicher. Sie schleppten Johanna von Stadt zu Stadt weiter nach Norden und brachten sie schließlich am 23. Dezember nach Rouen, wo sie in einem der Türme des Schlosses von Bouvreuil unter der Bewachung englischer Soldaten eingekerkert wurde. Es heißt, daß man sie anfangs in einem Eisenkäfig gefangen hielt, wie das bei der Ketzerei angeklagten bedeutenden Personen üblich war. Sicher ist, daß sie in Fußeisen gelegt und zumindest nachts ihr Hals und die Hände an einen Holzblock gekettet wurden.

Am 3. Januar 1431 ermächtigte der Kronrat von England Pierre Cauchon, der Gefangenen «wegen ihres Aberglaubens, ihrer Irrlehren und anderer Verbrechen gegen die göttliche Majestät» den Prozeß zu machen. Die Tatsache, daß dem Bischof von Beauvais nicht das Recht der Jurisdiktion in der Diözese Rouen zustand, wurde dabei übergangen. Daß es sich hier nicht um einen juristischen, sondern einen politischen Akt handelte, geht noch eindeutiger aus dem Schlußpassus des Dekrets hervor, der ganz unverblümt besagt: «Es ist unsere Absicht, jene Johanna wieder zurückzufordern, wenn sie in keinem der oben erwähnten Punkte oder in anderen, die unseren Glauben berühren, überführt werden kann.»[80] Das Schicksal Johannas hing also letztlich nicht vom Urteil der Kirche ab, sondern vom König von England.

Trotzdem ist der immer wieder erhobene Vorwurf, das Verfahren gegen Johanna sei ein politischer oder gar ein Schauprozeß gewesen, in dieser Einseitigkeit nicht berechtigt. Zwar standen viele der Richter, zumeist wohl aus Opportunismus, auf der Seite der Engländer oder Burgunder und waren gegen die Angeklagte voreingenommen oder ehrlich von ihrer Schuld überzeugt – doch der Prozeß wurde nach den Regeln der Inquisition durchgeführt, die freilich dem Belieben der Richter viel Spielraum ließen und auch sonst dem modernen Rechtsgefühl in nicht wenigen Punkten kraß widersprechen. Johanna wurde ja auch nicht als Verräterin oder wegen politischer Verbrechen verurteilt, sondern als Ketzerin, wegen Vergehen gegen Gott und die Gesetze der Kirche. Stärker unter politischen Bedingungen stand unbestreitbar der Rechtfertigungsprozeß von 1456, auch wenn durch ihn viele gefälschte und entstellte Tatsachen zurechtgerückt worden sind. – Aber wir wollen nicht vorgreifen.

Bischof Pierre Cauchon (sitzend) bei Johannas Prozeß. Miniatur, 15. Jahrhundert. Bibliothèque Nationale, Paris

Der Prozeß begann am 9. Januar mit dem – wie wir es heute nennen würden – einleitenden Verfahren, in dem das Anklagematerial zusammengestellt und die Angeklagte, die mehr als zwanzigmal vor dem Gericht erschien, verhört wurde. Cauchon hatte als zweiten Richter den Stellvertreter des Großinquisitors von Frankreich, der seine Teilnahme abgelehnt hatte, Jean Lemaître berufen. Auch dieser fand sich nur zögernd zur Mitwirkung bereit und erschien zum erstenmal am 20. Februar. Als Beisitzer hatte Cauchon 60 Personen bestellt, Professoren der

Universität Paris, Domherren von Rouen, Mönche und Weltgeistliche – eine ungewöhnlich große Zahl, was er damit begründete, daß ihm an einem korrekten Verfahren gelegen sei. Unter den zehn Pariser Gelehrten war der Rektor Thomas de Courcelles, der später die endgültige Redaktion der Prozeßakten vornahm. Er war ein diplomatisch und rhetorisch raffinierter Mann und ein entschiedener Feind Johannas; er und zwei andere Mitglieder des Gerichts waren die einzigen, die für ihre Folterung eintraten. Später, im Rehabilitationsprozeß, spielte er eine klägliche Rolle: er erinnerte sich an nichts.

Zum Promotor, das heißt Anwalt der Kirche, hatte Cauchon seinen Freund Jean d'Estivet gewählt. Einen Ruf als bedeutender Theologe hatte Jean Beaupère; merkwürdigerweise verließ er Rouen drei Tage vor der Urteilsvollstreckung. Namentlich erwähnt sei noch Jean de La Fontaine, der, offenbar in guter Absicht, Johanna wiederholt riet, sich dem Urteil der Kirche zu unterwerfen. Er wurde im späteren Verlauf nicht mehr zu den Verhandlungen zugezogen und mußte Rouen vorzeitig verlassen. Von den meisten Beisitzern wissen wir nicht, wie sie wirklich zu Johanna standen, so daß wir zwischen Fanatikern und Feiglingen nicht unterscheiden können.

Eine rühmliche Ausnahme machten zwei Männer: der Magister Nicolas de Houppeville und Jean Lohier, ein angesehener Geistlicher aus der Normandie. Der erstere beanstandete, daß die Richter der Gegenpartei angehörten und somit in eigener Sache sprächen; außerdem sei Johanna schon in Poitiers und durch den Erzbischof von Reims geprüft worden. Er wurde gefangengesetzt und nur auf Fürsprache eines einflußreichen Freundes wieder freigelassen. Lohier wurde mit dem Tode bedroht, weil er die Zuständigkeit des Gerichts, das in seinen Entscheidungen nicht frei sei, anzweifelte und rügte, daß die Angeklagte keinen Rechtsbeistand habe. Vor Gericht erkühnte er sich, einmal zu bemerken: «Wenn sie sagen würde ‹Es scheint mir› statt ‹Ich weiß bestimmt›, könnte kein Mensch sie verdammen.» Es gelang ihm, nach Rom zu entweichen.

Zu denen, die zwar glaubten, Johanna sei mit dem Teufel im Bunde, aber ehrlich um ihre Bekehrung rangen, gehörten die Dominikanerbrüder Ysambert de la Pierre und Martin Ladvenu. Als bekannt wurde, daß sie Johanna mehrmals im Kerker besucht hatten, stellte Cauchon sie schroff zur Rede, und Graf Warwick, Gouverneur von Rouen, drohte de la Pierre an, er werde ihn in die Seine werfen lassen.

Irgendeinen Einfluß auf den Prozeß hatten die vier, die entschlossen oder zaghaft der Stimmes ihres Gewissens gefolgt waren, nicht. Es kam zu der ungeheuren Konfrontation: auf der einen Seite sechzig angesehene, dialektisch geschulte, mit allen scholastischen Kniffen vertraute Kleriker und Gelehrte – und ihnen gegenüber ein von aller Welt verlassenes

Ansicht von Rouen, an der unteren Seine. Gemälde, 16. Jahrhundert. Bibliothèque Municipale, Rouen

neunzehnjähriges ungelehrtes Bauernmädchen, das zudem durch die mehr als halbjährige Kerkerhaft geschwächt war. Daß Johanna monatelang den bisweilen als freundliche Ermahnungen getarnten tückischen Fangfragen, Verdächtigungen, Beleidigungen und Drohungen des Tribunals standhielt, erweist den unerschütterlichen Mut und das unbeirrbare Sendungsbewußtsein, die sie beseelten.

Bevor die Verhöre begannen, wurde der Notar Nicolas Bailly beauftragt, in Johannas Heimat Erkundigungen über sie einzuziehen. Bailly vernahm in Domremy und den nächstgelegenen Pfarreien zwölf bis fünfzehn Zeugen. Als er dem Bischof von Beauvais berichtete, daß er nichts Nachteiliges in Erfahrung gebracht habe, nannte dieser ihn ein übles Subjekt, weil er seinen Auftrag nicht gewissenhaft erfüllt habe, und

verweigerte ihm den Ersatz der Reisekosten. Ferner wurde Johanna einer nochmaligen Prüfung ihrer Jungfräulichkeit unterzogen, die unter der Aufsicht der Herzogin von Bedford von einigen Matronen vorgenommen wurde. Das Ergebnis bestätigte, wie die beiden früheren Untersuchungen, die Unberührtheit der Angeklagten. Die Herzogin von Bedford soll daraufhin den Wächtern, deren Roheiten sie ständig ausgesetzt war, verboten haben, ihr Gewalt anzutun oder sie zu belästigen. Weder über die Virginitätsprüfung noch über die Enquêten in Domremy findet sich ein Wort in den Prozeßakten.

Die Verhöre begannen am 21. Februar in der Schloßkapelle von Rouen mit der ersten öffentlichen Sitzung, bei der 43 Beisitzer und einige englische Beobachter anwesend waren. Cauchon, der den Vorsitz führte, forderte Johanna auf, zu schwören, daß sie alle Fragen, die man ihr stellen werde, wahrheitsgemäß beantworten werde. Sie erwiderte: *Ich weiß nicht, worüber Ihr mich befragen wollt. Ihr könntet mich nach Dingen fragen, über die ich nichts sagen werde.* Auf die Ermahnung, über alle den Glauben betreffenden Fragen die Wahrheit zu sagen, antwortete sie, sie werde alles beschwören, was ihre Eltern betreffe und was sie getan habe, seit sie Domremy verließ. *Aber über meine göttlichen Offenbarungen habe ich zu niemandem gesprochen und sie niemand anvertraut außer Karl, meinem König. Ich würde nicht darüber sprechen, auch wenn Ihr mir den Kopf abschlagt. Meine geheimen Ratgeber, meine Stimmen haben es mir verboten.* Dann kniete sie nieder, legte die Hände auf das Evangelienbuch, das man ihr gereicht hatte, und schwor, Fragen über Glaubensangelegenheiten wahrheitsgemäß zu beantworten, nicht jedoch Fragen über ihre Offenbarungen.

Als der Vorsitzende sie aufforderte, das Vaterunser aufzusagen, sagte sie: *Nehmt mir die Beichte ab, und ich will es Euch gerne aufsagen.* Ihre Bitte, vor ihrem Richter Cauchon beichten zu dürfen, ist bemerkenswert durch das Vertrauen, das sie dem Priester Cauchon bewies, der indessen nicht darauf einging.

Nachdem sie über ihre Familie, ihre Taufe, ihre Kindheit ausgesagt hatte, erhob sie Einspruch gegen die Fesseln und Fußeisen, die man ihr angelegt hatte. Auf die Entgegnung Cauchons, daß sie mehrmals aus anderen Gefängnissen zu fliehen versucht habe, erwiderte sie: *Es ist wahr, daß ich das wollte, und ich will es noch, weil es das Recht jedes Gefangenen ist, zu fliehen.*[81] Mit dem Tumult, den diese trotzige Antwort hervorrief, endete die erste Sitzung.

Auch die nächsten fünf öffentlichen Sitzungen, die gewöhnlich drei bis vier Stunden dauerten, verliefen stürmisch. Die Richter sprangen häufig von einer Sache auf eine andere über, um die Angeklagte zu verwirren, oder kamen auf eine schon beantwortete Frage zurück, um sie auf Widersprüchen zu ertappen. Johanna begegnete solchen Tricks geistesgegenwärtig und mit stets präsentem Gedächtnis. Ließ man sie nicht ausreden und unterbrach sie mitten in der Antwort mit einer anderen Frage, reagierte sie überlegen: *Edle Herren, bitte eines nach dem anderen!* oder: *Zu dieser Sache habe ich mich bereits geäußert, fragt ihn!*, wobei sie auf den Notar Guillaume Manchon deutete, der als Protokollführer fungierte.[82] Von diesem wissen wir auch, daß die Richter ihn mehrmals zwingen wollten, Johannas Antworten eine andere Wendung zu geben. Andere für ihre Selbstsicherheit bezeichnende Einwürfe: *Übergeht das, fahrt fort! – Hat das mit Eurem Prozeß zu tun? – Ich habe Euch schon alles, was Ihr aus mir herausbringen könnt, gesagt. Und mehr sage ich nicht.*[83]

Erstaunlicher noch als der Mut, den sie in solchen Momenten bewies, ist die Wachheit, mit der sie durchschaute, wenn ihr mit verfänglichen Fragen Schlingen gelegt wurden. «Bist du sicher, daß du im Stande der Gnade bist?» Was konnte sie auf die pharisäerhafte Herausforderung antworten? Ein unbedingtes Ja wäre ihr als frevelhafte Anmaßung ausgelegt worden, mit einem Nein hätte sie sich selber aus der kirchlichen Gemeinschaft ausgeschlossen. Ohne Zögern kam die unübertreffliche Antwort: *Wenn ich es nicht bin, möge Gott mich darein versetzen. Wenn ich es bin, möge er mich darin erhalten. Ich denke aber, wenn ich in der Sünde wäre, würde die Stimme nicht zu mir kommen.*[84]

Wenn sie auf die Frage, welchen Papst sie für den rechtmäßigen halte, erwiderte: *Gibt es denn zwei?*, so wich sie in gespielte Naivität aus, denn sie war sehr wohl von dem Schisma unterrichtet. Mit unverkennbarer Ironie fertigte sie Fragen nach dem Aussehen und Verhalten ihrer Heiligen ab, wenn sie sich überhaupt darauf einließ. «Hatte der heilige Michael Haare?» *Warum sollte man sie ihm abgeschnitten haben?* – «War er nackt?» *Meint Ihr, Gott habe nichts, um ihn zu kleiden?* – «Spricht die heilige Margareta englisch?» *Warum sollte sie englisch sprechen, da sie doch nicht auf der Seite der Engländer ist?*[85] Mit großartiger Simplizität werden hier die listig verhüllten Aggressionen entwaffnet und überspielt.

Eine systematische Analyse der Verhöre wird durch die Sprunghaftigkeit der Befragungen sehr erschwert. Immerhin waren es drei Hauptpunkte, auf die die Anklage immer wieder zurückkam: die Stimmen, die durch «Zeichen» verbürgte Sendung und die Männerkleidung.[86] Unter diesem Gesichtspunkt sind die folgenden Auszüge aus den Verhörprotokollen vorgenommen worden.

Am 22. Februar fand in der Rüstkammer des Schlosses in Anwesenheit von 47 Beisitzern das zweite öffentliche Verhör statt, mit dessen Durchführung Cauchon den Magister Beaupère beauftragt hatte. Johanna wiederholte zunächst ihre Weigerung, über bestimmte Dinge auszusagen, und fügte hinzu: *Wenn Ihr gut über mich unterrichtet wäret, müßtet Ihr wünschen, daß ich nicht in Euren Händen wäre. Ich habe nichts getan, als was mir die Offenbarung aufgetragen hat.* Dazu aufgefordert erzählte sie von ihrer Kindheit, wie sie mit dreizehn Jahren zum erstenmal die Stimme gehört und was diese ihr zu tun geheißen hatte; sodann, wie sie zu Baudricourt nach Vaucouleurs und durch ihn zum König nach Chinon gekommen war. Auf die Schlußfrage Beaupères, ob sie die Stimme oft höre, antwortete sie: *Es gibt keinen Tag, an dem ich die Stimme nicht höre, und ich habe sie sehr nötig. Niemals habe ich von ihr etwas anderes erbeten als das Heil meiner Seele.*[87]

Zu Beginn der dritten Sitzung am 24. Februar forderte Cauchon Johanna mehrmals mit Heftigkeit auf, einfach und vorbehaltlos den Eid zu leisten. Darauf Johanna: *Erlaubt mir zu sprechen. Bei meinem Glauben, Ihr könntet mich Dinge fragen, die meine Offenbarungen betreffen und die ich nicht beantworten werde. Ich würde sonst wortbrüchig, was Ihr nicht wünschen könnt. Ich sage Euch, die Ihr Euch meine Richter nennt, nehmt Euch in acht! Ihr ladet Euch eine schwere Last auf und Ihr belastet mich übermäßig.* Es folgten ins einzelne gehende Fragen, wann sie zuletzt die Stimmen gehört habe und was sie ihr gesagt hätten. *Die Stimme hat mir gesagt, daß ich unerschrocken antworten soll.* Zum

Register des Pariser Parlaments (1428–36) mit Notizen über die Belagerung von Orléans. Archives Nationales, Paris

MAY · MCCCCXXIX

12

Randzeichnung des Schreibers: Johanna mit Schwert und Banner

Bischof gewandt: *Ihr sagt, daß Ihr mein Richter seid. Seht Euch vor, was Ihr tut, denn ich bin in Wahrheit von Gott gesandt und Ihr bringt Euch selbst in große Gefahr.*

Frage Beaupères: «Ist die Stimme, von der Ihr sagt, daß sie Euch erscheint, ein Engel oder kommt sie unmittelbar von Gott oder ist sie vielleicht die Stimme eines oder einer Heiligen?» Antwort: *Diese Stimme kommt von Gott. Ich glaube es fest, so fest, wie ich an Christus glaube und daß Gott uns von der Höllenpein erlöst hat . . . Ich habe größere Furcht, etwas zu sagen, was der Stimme mißfällt, als Euch nicht zu antworten. Bei allem, was diese Frage betrifft, bitte ich um Aufschub.* Frage: «Glaubt Ihr, daß es Gott mißfällt, wenn man die Wahrheit sagt?» Antwort: *Meine Stimmen haben mir verschiedene Dinge anvertraut für den König, aber nicht für Euch.* Auf die Frage, ob die Stimmen ihr offenbart hätten, daß sie aus dem Kerker entkommen würde: *Darauf habe ich nichts zu sagen . . . Es gibt ein Sprichwort der Kinder, daß man schon Menschen gehängt hat, weil sie die Wahrheit sagten.*[88] Die übrigen Fragen bezogen sich auf ihre Kindheit, insbesondere auf die Spiele unter dem Feenbaum, die in unserem ersten Kapitel bereits erwähnt wurden.

Auch in der vierten Sitzung ging es dem mit dem Verhör beauftragten Magister Beaupère hauptsächlich um die Stimmen. Johanna lehnte die Beantwortung mehrerer Fragen mit der Bemerkung ab, das gehöre nicht zum Prozeß. Als überzeugte Visionärin bestand sie, wie schon früher, darauf, daß sie ihre Heiligen leibhaftig vor sich sehe, *wie ich Euch alle sehe.* Einmal erwiderte sie keck: *Wenn Ihr mir nicht glaubt, geht nach Poitiers!* Auf die Frage, was ihr lieber sei, ihre Fahne oder ihr Schwert, antwortete sie: *Meine Fahne war mir viel, viel lieber als mein Schwert. Ich trug meine Fahne selbst, wenn ich die Gegner angriff, um zu vermeiden, einen zu töten. Niemals habe ich einen Menschen getötet.*[89]

Das fünfte Verhör am 1. März mit 58 Beisitzern führte Bischof Cauchon selbst. Wieder waren es verfängliche Fragen über das Aussehen der Heiligen, darunter die, auf einen gefallenen Engel zielende, ob der heilige Michael nackt gewesen sei. Johanna lehnte entweder die Fragen ab oder beantwortete sie mit kühner Ironie. Ihre ungebrochene Stärke bewies sie, als sie auf die Frage, ob ihr die Heiligen Versprechungen gemacht hätten, erwiderte: *Unter anderem sagten sie mir, mein König werde wieder in sein ganzes Reich eingesetzt, ob seine Gegner das nun wollten oder nicht.* Schwer zu deuten dann ihre Antwort auf die Frage, ob ihre Stimmen ihr gesagt hätten, daß sie aus dem gegenwärtigen Gefängnis befreit werde: *Fragt mich in drei Monaten, dann werde ich Euch antworten.*[90]

Am Schluß dieses Verhörs verstrickte sie sich in eine gefährliche Antwort. Schon durch ihre Aussage, die heilige Katharina und die heilige Margareta nähmen ihr manchmal die Beichte ab, belastete sie sich schwer, da es Christen verboten war, Geistern zu beichten. So hakte Cauchon denn auch gleich ein mit der Frage, ob sie nicht wisse, damit eine Todsünde begangen zu haben. Ihre Antwort, sie wisse es nicht, glaube es jedoch nicht, war vom Standpunkt der Kirche unerhört.

In der sechsten und letzten öffentlichen Sitzung[91] wurde die Angeklagte wiederum bedrängt, über die Gestalten und Glieder ihrer Heiligen auszusagen. Ihre Antwort lautete: *Ich habe den heiligen Michael und die anderen Heiligen so gut gesehen, daß ich sicher weiß, sie sind die Heiligen des Paradieses. Bevor ich aber alles sagen würde, was ich weiß, ließe ich mir lieber den Hals abschneiden . . . Ich habe sie mit meinen eigenen Augen gesehen und ich glaube an ihr Dasein so fest, wie ich an die Existenz Gottes glaube.* Der Richter kam dann auf die schon einmal gestellte Frage zurück, ob ihre Stimmen ihr gesagt hätten, daß sie entkomme. Zunächst lehnte Johanna die Frage ab, da sie nicht zum Prozeß gehöre. Auf weitere bohrende Befragungen brach sie in die Worte aus: *Ja, wahrhaftig! Sie haben mir gesagt, ich würde befreit, aber ich weiß weder den Tag noch die Stunde. Und ich solle mutig sein und ein heiteres Gesicht zeigen.*

Besonderen Anstoß nahm das Gericht daran, daß Johanna die Männerkleidung, die sie seit mehr als zwei Jahren trug, nicht abgelegt hatte. So unwichtig uns das heute erscheint, so machte sie sich dadurch nach der Anschauung ihrer Zeit eines schweren Vergehens gegen das kirchliche Gebot schuldig. Nachdem sie mehrere darauf bezügliche Fragen als nicht zum Prozeß gehörend abgewiesen hatte, antwortete sie auf die weitere Frage, ob sie glaube, eine Todsünde zu begehen, wenn sie Frauenkleider trüge: *Ich tue besser, meinem höchsten Herrn, Gott, zu gehorchen und ihm zu dienen.*

Zu einem interessanten Intermezzo kam es, als der Richter auf die angebliche Hellseherin Catherine de la Rochelle zu sprechen kam. Johanna war ihr in Jargeau begegnet, und Catherine hatte ihr von der weißen Frau erzählt, die ihr allnächtlich erscheine und ihr offenbare, wo verborgene Schätze lägen. Johanna hatte ihr darauf erwidert: *Geht zu Eurem Mann zurück, sorgt für Euren Haushalt und Eure Kinder!*, bot sich aber an, die Nacht mit ihr zu verbringen und sich von dem Erscheinen der weißen Frau zu überzeugen. In der ersten Nacht schlief sie vor Übermüdung ein, und am Morgen behauptete Catherine, die weiße Frau sei dagewesen. In der folgenden Nacht blieb sie wach, aber sie sah nichts und erklärte, die ganze Sache sei Torheit und weiter nichts. Catherine de la Rochelle rächte sich später, indem sie in Paris behauptete, es seien zwei Brunnengeister, denen die Jungfrau ihre vorgeblichen Offenbarungen verdanke. – Der Skeptiker Anatole France hat in dieser Episode den Zusammenstoß zweier Rivalinnen gesehen. Wir möchten sie bezeichnend dafür finden, über wieviel Menschenkenntnis und gesunden Menschenverstand die echte Visionärin verfügte.

Bis hierher hatte der Verlauf des Prozesses dem Bischof von Beauvais wenig eingebracht. Johanna hatte sich kaltblütig, meist vorsichtig, mitunter auch kampflustig verteidigt und dabei eine erstaunliche Gewandtheit und eine hervorragende Intelligenz bewiesen. Einen stichhaltigen Beweis dafür zu erbringen, daß sie eine Ketzerin, Zauberin oder Hexe sei, war dem Gericht nicht gelungen. Wohl aus diesem Grunde beschloß Cauchon, die Befragungen künftig in kleinem Kreise und in Johannas Zelle vorzunehmen, wo sie sich noch verlorener vorkommen mußte. In der Tat wurde sie während der geheimen Verhöre, die vom 10. bis zum

15. März stattfanden, manchmal von Schwäche und Ermüdung befallen und brachte nicht immer die Frische und Selbstsicherheit auf, die sie in den vorhergegangenen Wochen ausgezeichnet hatten.

Soweit die Fragen sich auf die Stimmen bezogen, erbrachten sie nichts Neues. Was das Tragen der Männerkleidung betrifft, so beharrte sie auf ihrer Aussage, daß kein Mensch es von ihr verlangt habe und daß sie sie auf Gottes Gebot und in seinem Dienst trage. Eine gewisse Schwäche kann man aus ihrer rührenden, am Palmsonntag vorgebrachten Bitte heraushören: *. . . in diesen Männerkleidern, in denen ich bin, die Messe hören und den Leib des Herrn an Ostern empfangen zu dürfen . . . Man könnte es mir doch erlauben, die Messe in dieser Kleidung zu hören. Ich wünsche es so sehr! Was das Wechseln der Kleidung betrifft, so hängt das nicht von mir ab. Denn wenn es von mir abhinge, so wäre es bald getan . . . Erlaubt mir doch, die Messe in den Männerkleidern zu hören! Das Kleid belastet meine Seele nicht, und es zu tragen, ist nicht gegen die Kirche.*[92]

Eine Darstellung, die sich auf gut bezeugte Dokumente stützt, erlaubt keine psychologischen Vermutungen darüber, welche Gefühle, vielleicht der Trostlosigkeit, die in Ketten liegende Gefangene bewegt haben mögen, als sie ohne die Spende des Sakraments die Osterglocken von Rouen die Auferstehungsbotschaft verkünden hörte. Wie auch immer – im Glauben an ihre Gottkindschaft (Jeanne la Pucelle, fille de Dieu nannten ihre Stimmen sie) wurde sie nicht wankend. Ihr herrlicher Mut hielt den kommenden Verhören stand, die sie immer mehr in die Enge trieben, auf das unabwendbare Ende zu.

Der einzige heikle Punkt für ihre sonst zweifelsfreie Aufrichtigkeit betrifft das Problem des «Zeichens» als Rechtfertigung ihrer Sendung. Hatte sie kein Zeichen empfangen, so war ihre Sendung trügerisch und Karl VII. hatte sich versündigt, als er sie als eine Gottgesandte nach Orléans ziehen ließ. Einer der Beisitzer, der Bischof von Lisieux, faßte das in einem Gutachten in die Worte: «Man soll keiner Person, die einfach behauptet, von Gott gesandt zu sein . . . Glauben schenken, es sei denn, daß sie sich durch das Erscheinen gewisser Zeichen oder Wunder rechtfertigt.»[93] In dieser Situation glaubte Johanna, sich durch eine Erfindung verteidigen zu müssen. Daß sie sich dabei in Widersprüche verwickelte, ist bei der Geradheit ihrer Natur, der solches Taktieren zutiefst widersprach, fast selbstverständlich.

Anfangs wehrte sie Fragen nach dem Zeichen ab: *Übergeht das, fahrt fort!* Auf die Suggestivfrage, ob sie vielleicht über dem König einen Engel gesehen habe, antwortete sie: *Ich werde das nicht sagen. Erwartet jetzt keine Antwort, aber schickt zum König, er wird Euch antworten.*[94] Und einige Tage später: *Wenn er dort war, so weiß ich es nicht, denn ich habe ihn nicht gesehen . . . Das Zeichen, das Euch fehlt, ist, daß Gott mich aus Euren Händen befreit. Das wäre das sicherste, das er Euch schicken könnte.*[95]

Beim ersten geheimen Verhör ließ sie sich erstmals zu einer Aussage verleiten, indem sie sagte, das Zeichen sei schön, ehrenhaft, glaubwürdig und gut und das Kostbarste, das es gibt. *Es wird noch tausend Jahre und länger bestehen in der Schatzkammer des Königs . . . Ein Engel, der von Gott und keinem anderen gekommen war, überreichte es dem König.*[96] Am 13. März gab sie dem Drängen der Untersuchungsrichter, gegen das sie sich zunächst mit den Worten: *Seid Ihr erst zufrieden, wenn ich meineidig werde?* gesträubt hatte, schließlich nach und gab an, der Engel habe dem König eine goldene Krone in sein Gemach im Schloß zu Chinon gebracht, sich vor ihm verneigt und gesagt, der König gewinne das gesamte Königreich Frankreich zurück. *Und ich sprach: Sire, hier ist Eurer Zeichen, nehmt es an! . . . Die Geistlichen, die dabei waren, erkannten, daß es ein Engel war . . . durch ihre Gelehrsamkeit und weil sie Geistliche waren.*[97] Zwei Wochen später, am 28. März, als man ihr die Schuldartikel vorlas, beklagte sie sich, daß man sie gezwungen habe, über das Zeichen zu sprechen, und am Morgen ihrer Hinrichtung gab sie zu, daß sie selbst der Engel gewesen sei, der dem König erschien.[98]

Wie auch immer man ihre Haltung in diesem Punkt beurteilen mag – eine lügnerische Erfindung im Auftrag des Teufels (so die Anklage) war es nicht, wenn sie sich dem gefährlichen Dilemma durch eine allegorische Erzählung entzog, in der sie dem Engel die Worte zuschrieb, die sie selbst zu Karl VII. gesagt hatte.

Im fünften Sonderverhör am 14. März lief Johanna in eine Falle, deren Gefährlichkeit sie diesmal arglos übersah. Sie sagte zunächst: *Die heilige Margareta hat mir versichert, daß ich Hilfe erlangen werde. Ich weiß nicht, ob sie darin besteht, daß ich aus dem Gefängnis befreit werde oder ob während des Prozesses ein Trubel ausbricht, durch welchen ich befreit werden könnte. Ich denke, es wird das eine oder das andere sein. Mehrmals haben mir die Stimmen gesagt, daß ich durch einen großen Sieg befreit würde. Und dann sagen sie mir: «Nimm alles hin, fürchte dich nicht vor dem Martyrium, du wirst am Ende ins Paradies gelangen.» Das sagen mir meine Stimmen klar und unbedingt . . . Ich nenne Martyrium die Pein und Drangsal, die ich im Gefängnis erleide. Ich weiß nicht, ob ich nicht noch größere Leiden erdulden werde, aber ich vertraue auf Gott.*

Darauf folgte die Frage des Richters Jean de La Fontaine: «Eure Stimmen haben Euch also gesagt, daß Ihr am Ende ins Paradies eingeht. Seid Ihr demnach völlig sicher, daß Ihr gerettet und nicht zur Hölle verdammt werdet?» Und nun kam die Antwort, die in der Freiheit religiösen Denkens an Hus oder Luther erinnert und die für einen in der Tradition der katholischen Kirche Stehenden überaus gefährlich war: *Ich glaube fest, was meine Stimmen mir gesagt haben, daß ich gerettet werde, ich glaube es so fest, als ob ich schon dort sei.* Die Erwiderung des Richters: «Das ist eine Antwort von großem Gewicht!», die eine schwere Rüge bedeutete, begriff Johanna nicht, sondern sagte wie bestätigend: *Auch ich halte sie* (diese Gewißheit) *für einen großen Schatz.*[99]

Das letzte Sonderverhör fand am Vormittag und Nachmittag des 17. März statt, wiederum in Johannas Zelle. Anwesend waren außer dem Notar und dem Gerichtsdiener der Magister Jean de La Fontaine, der stellvertretende Inquisitor Jean Lemaître, zwei Doktoren der Universität Paris und Bruder Ysambert de la Pierre. Jean de La Fontaine gelang es, die Angeklagte vor die schwerste, unausweichliche Entscheidung zu stellen. Im folgenden geben wir die wesentlichen Teile des Verhörs wieder, die zugleich für die Atmosphäre des Prozesses kennzeichnend sind.

Der Richter: «In welcher Gestalt, Größe, Art und Gewandung kommt der heilige Michael zu Euch?» Johanna: *Er hat die Art eines wahren Edelmanns. Über seine Gewandung und anderes sage ich Euch nichts weiter ... Ich glaube an seine Worte und Werke ebenso fest, wie ich glaube, daß Unser Herr Jesus Christus Tod und Leiden für uns erlitten hat. Und was mich bewegt, ihm zu glauben, ist der gute Rat, der gute Trost und die gute Lehre, die er mir anvertraut und gegeben hat.* Der Richter: «Wollt Ihr alle Eure Taten, sie seien gut oder böse, der Entscheidung unserer Heiligen Mutter, der Kirche, unterwerfen?» Johanna: *Ich liebe die Kirche und möchte sie mit all meiner Kraft für unseren christlichen Glauben unterstützen. Mich könnte man nicht davon abbringen, in die Kirche zu gehen und die Messe zu hören. Was meine guten Werke und meine Sendung betrifft, so berufe ich mich auf den König des Himmels, der mich zu Karl, Sohn König Karls von Frankreich geschickt hat, welcher der wahre König von Frankreich ist. Und Ihr werdet sehen, daß die Franzosen bald eine große, von Gott gesandte Aufgabe erfüllen werden, so sehr auch das ganze Königreich Frankreich davon erbeben wird. Ich sage das, damit Ihr, wenn es eintritt, Euch erinnert, daß ich es vorausgesagt habe.* Der Richter: «Und wann wird das eintreten?» – *Ich verlasse mich auf Unseren Herrn.*

«Unterwerft Ihr Eure Worte und Taten dem Entscheid der Kirche?» – *Ich unterwerfe mich Gott, der mich gesandt hat, der Heiligen Jungfrau und allen Heiligen des Paradieses. Und ich bin überzeugt, daß Gott und die Kirche ein und dasselbe ist, und daß man dieserhalb keine Schwierigkeiten machen darf. Warum macht Ihr damit Schwierigkeiten?* Der Richter: «Es gibt die triumphierende Kirche, wo Gott, die Heiligen, die Engel und die schon geretteten Seelen sind. Und es gibt die streitende

Kirche: das ist der Papst, der Stellvertreter Gottes auf Erden, die Kardinäle und Prälaten der Kirche, die Geistlichkeit und alle guten Christen und Katholiken. Diese vereinigte Kirche kann nicht irren, sie wird vom Heiligen Geist geleitet. Deshalb frage ich Euch, ob Ihr Euch der streitenden Kirche unterwerfen wollt, die auf Erden ist, wie ich das Euch erklärt habe.» Johanna: *Ich bin zum König von Frankreich gekommen durch Gott, die Jungfrau Maria, alle Heiligen des Paradieses und durch die siegende Kirche in der Höhe und auf ihren Befehl. Dieser Kirche unterstelle ich alle meine guten Taten, die ich vollbracht habe und vollbringen werde. Was meine Unterwerfung unter die streitende Kirche angeht, so werde ich im Augenblick nichts weiter antworten.*

Der Richter: «Was sagt Ihr zu dem Frauenkleid, das man Euch angeboten hat, damit Ihr zur Messe gehen könnt?» – *Ich werde es nicht annehmen, bis es Gott gefällt. Und wenn Ihr mich zur Hinrichtung führen müßt, so bitte ich die Herren der Kirche, mir die Gnade zu gewähren, ein Frauenhemd anziehen und eine Kopfbedeckung anlegen zu dürfen. Ich würde lieber sterben als zu widerrufen, was Gott mich zu tun hieß, denn ich glaube fest, daß Gott es nicht zulassen wird, daß ich so tief falle, ohne Hilfe durch ein Wunder zu erfahren.* Der Richter: «Wenn Ihr sagt, Ihr tragt das Männerkleid auf Gottes Befehl, warum verlangt Ihr ein Frauenhemd in der Todesstunde?» *Es genügt mir, daß es lang ist.*

Eine in ihrer Einfachheit großartige Antwort gab die Angeklagte im weiteren Verlauf des Verhörs auf die Frage: «Wißt Ihr, ob die heilige Katharina und die heilige Margareta die Engländer hassen?» *Sie lieben, was Gott liebt, und hassen, was Gott haßt.* – «Gott haßt die Engländer?» *Über die Liebe oder den Haß, den Gott für die Engländer hegt und was er mit ihren Seelen macht, weiß ich nichts. Aber ich weiß wohl, daß sie aus Frankreich verjagt werden, außer denen, die hier sterben, und daß Gott den Franzosen den Sieg über die Engländer schicken wird.* Die letzten Worte, vor einem englisch gesinnten Gericht gesprochen, zeigen, daß Johanna alle Vorsicht beiseite ließ und ihren früheren Kampfgeist bewies, wenn es um Frankreich oder – in anderen Fällen – um ihren König, der für sie die Verkörperung Frankreichs war, ging.

Am Nachmittag kam der Richter auf Johannas kriegerische Taten zu sprechen. «Gründete sich Eure Siegeshoffnung auf Eure Fahne oder auf Euch selbst?» *Sie gründete sich auf Unseren Herrn und auf nichts sonst.* – «Ist Euch offenbart worden, daß Ihr Euer Glück verliert und Eure Stimmen nicht mehr zu Euch kommen, wenn Ihr Eure Jungfräulichkeit verlieren würdet?» *Das ist mir nicht offenbart worden.* – «Glaubt Ihr, daß Eure Stimmen noch zu Euch kämen, wenn Ihr verheiratet wärt?» *Davon weiß ich nichts. Ich halte mich an Gott.*

Der Richter kam dann auf die entscheidende Frage des Vormittags zurück: «Glaubt Ihr gehalten zu sein, Unserem Herrn Papst, dem Stellvertreter Gottes, die volle Wahrheit auf alle Fragen des Glaubens und Eures Gewissens zu sagen?» *Ich verlange, vor Unseren Herrn Papst geführt zu werden. Ihm werde ich alles beantworten, was ich beantworten soll.*[100]

Bruder Ysambert de la Pierre, der schon mehrfach versucht hatte, Johanna zum Einlenken zu bewegen, sagte im Revisionsprozeß aus, er habe ihr geraten, sich dem Generalkonzil in Basel zu unterwerfen, wo ebensoviel von ihrer Partei wie von der englischen anwesend seien. Als Johanna dem sofort zustimmte, habe der Bischof von Beauvais ihn empört angeschrien: «Schweigt, zum Teufel!», und dem Notar habe er gesagt: «Hütet Euch, das im Protokoll festzuhalten!» Darauf habe Johanna gerufen: *Ha, Ihr schreibt wohl, was gegen mich spricht, und wollt nicht schreiben, was für mich spricht.*[101]

Damit endeten die Sonderverhöre, aber die Frage der Unterwerfung unter das Urteil der Kirche wurde noch einmal abschließend in einem Nachverhör vom 31. März behandelt. «Wollt Ihr», wurde die Angeklagte gefragt, «Euch dem Urteil der Kirche auf Erden unterwerfen in allem, was Ihr gesagt und getan habt, es sei gut oder böse, besonders für die Verbrechen und Vergehen, deren man Euch angeklagt hat, und in allem, was den Prozeß betrifft?» *Ich unterwerfe mich der streitenden Kirche, vorausgesetzt, daß sie nicht Unmögliches zu tun von mir verlangt. Unmöglich nenne ich, daß ich widerrufe, was ich getan und gesagt habe und was ich in diesem Prozeß über die Erscheinungen und Offenbarungen, die mir durch Gott zuteil geworden sind, erklärt habe. Nicht um alles in der Welt werde ich sie widerrufen. Das, was Unser Herr mir zu tun befohlen hat und befehlen wird, kann ich um keines lebenden Menschen willen unterlassen. Im Falle, daß die Kirche etwas von mir verlangen sollte, was dem Auftrag, der mir von Gott geworden, widerspricht, würde ich es um nichts in der Welt tun.* – «Wenn die streitende Kirche Euch sagt, daß Eure Offenbarungen Trugbilder und Teufeleien sind, unterwerft Ihr Euch dann der Kirche?» *Ich werde mich immer auf Gott berufen, dessen Befehl ich stets befolgt habe. Ich weiß wohl, daß alles, was in meinem Prozeß enthalten ist, in Gottes Auftrag geschehen ist. Und ich kann unmöglich das Gegenteil von dem tun, was ich in dem Prozeß auf Befehl Gottes zu tun bekannt habe. Falls die streitende Kirche das von mir verlangte, würde ich mich auf keinen Menschen in der Welt, sondern allein auf Unseren Herrn verlassen, dessen Willen ich immer gefolgt bin.* – «Glaubt Ihr nicht, der Kirche Gottes auf Erden unterworfen zu sein, das heißt dem Herrn Papst, den Kardinälen, Erzbischöfen, Bischöfen und anderen Prälaten der Kirche?» *Ja, doch zuerst muß ich dem Herrn dienen.*[102]

In der Woche vom 18. bis zum 24. März wurde das Protokoll der Befragungen und Antworten der Angeklagten zusammengestellt und ihr dann von dem Notar Guillaume Manchon vorgelesen, wobei sie keine Einwände erhob. Als ihr angeboten wurde, sich als Beistand in schwierigen Fragen ein Mitglied des Tribunals zu wählen, bedankte sie sich, lehnte aber ab. *Ich bin nicht willens, mich vom Rate Gottes zu trennen.*[103]

Am 18. April wurde sie, die wohl infolge der körperlichen und seelischen Qualen erkrankt war, in ihrem Gefängnis von Cauchon aufgesucht, der zunächst sagte, er komme mit seinen Begleitern, um sie in ihrer Krankheit zu trösten und zu stärken. Sodann ermahnte er sie «voll Barmherzigkeit», sich nicht länger den Geistlichen zu widersetzen, die mit ihrer ganzen Liebe und aus allen ihren Kräften auf die Förderung des Heils ihrer Seele und ihres Leibes bedacht seien. Andernfalls begebe sie sich in die große Gefahr, fallengelassen zu werden. Johanna antwortete: *Mir scheint, angesichts meiner Krankheit bin ich in großer Gefahr des Todes. Wenn dem so ist, daß Gott nach seinem Gefallen mit mir verfahren will, erbitte ich, beichten zu dürfen, den Leib des Herrn zu empfan-*

Das Schloß von Rouen. Johanna wurde in dem runden, dicken Turm gefangengehalten. Zeichnung aus einer mittelalterlichen Handschrift. Bibliothèque Nationale, Paris

Das Fenster von Johannas letztem Gefängnis

gen und in geweihter Erde beigesetzt zu werden. Monseigneur Cauchon: «Wenn Ihr die Sakramente der Kirche empfangen wollt, müßt Ihr Euch als gute Katholikin der Kirche unterwerfen.» Johanna: *Ich bin eine gute Christin. Wenn mein Leib im Gefängnis stirbt, so erwarte ich, daß Ihr ihn in geweihte Erde legen laßt. Tut Ihr das nicht, so empfehle ich mich Gott.*[104]

Die zweite feierliche Mahnrede (exhortatio caritativa) fand am 2. Mai in einem Zimmer des Schlosses in Anwesenheit von 60 Beisitzern statt. Eingangs stellte Cauchon fest, daß die geistlichen Richter sich «mit allen Kräften und erbarmender Milde ohne jeden Zwang» bemüht hätten, die Angeklagte von ihren Irrtümern abzubringen, doch habe die List des Teufels bisher die Oberhand behalten. Dann wurde Johanna hereingeführt, und Cauchon forderte den mit der Verhandlung beauftragten Magister Jean de Châtillon auf, mit Milde zu verfahren. Johanna, die mit ihrer Genesung ihre alte Entschlossenheit wiedererlangt hatte, antwortete: *Ich berufe mich auf meinen Richter, er ist der König des Himmels und der Erde.* Châtillon hielt ihr sodann ihre Irrtümer vor, ihre Weigerung, sich der streitenden Kirche zu unterwerfen, die Männerkleidung abzulegen, die vermessene Berufung auf ihre Erscheinungen und Offenbarungen und anderes, und schloß: «Wenn Ihr nicht der Kirche und dem Artikel ‹Unam sanctam Ecclesiam catholicam› glaubt, seid Ihr eine Ketzerin und werdet mit dem Feuertod bestraft.» Johanna: *Ich kann Euch nichts anderes sagen, und wenn ich das Feuer sähe, würde ich all das sagen, was ich Euch sage und täte nichts anderes.* – «Wollt Ihr Euch Unserem Heiligen Vater, dem Papst, unterwerfen?» *Führt mich zu ihm und ich werde ihm antworten.* Auf Vorhaltungen wegen ihrer Kleidung gab sie den lakonischen Bescheid: *Sobald ich das vollbracht habe, wofür ich von Gott gesandt bin, werde ich das Frauenkleid anlegen.* Auf die erneute Drohung mit dem Feuertod erwiderte sie in prophetischem Ton: *Wenn Ihr mir das antut, wird es Euch an Leib und Seele übel bekommen.*[105]

Acht Tage später, am 9. Mai, wurde sie in den großen Schloßturm geführt, wo zwei Henker mit den Folterwerkzeugen, glühenden Kohlenbecken, Schrauben, Haken und Zangen bereitstanden. «Aber von dieser Inzenierung wird sie nicht erschüttert und entgegnet»[106]: *Wahrhaftig, selbst wenn Ihr mir die Glieder brecht, und die Seele aus dem Leib reißt, könnte ich nichts anderes sagen, und wenn ich es doch täte, würde ich immer sagen, daß Ihr mich durch Gewalt zum Reden gebracht habt.*[107]

«Angesichts der Verstocktheit der Angeklagten und befürchtend, daß die Qualen der Folter für sie nur von schwachem Nutzen wären» – so heißt es im offiziellen Protokoll –, «beschlossen die Richter, von der Anwendung der Folter abzusehen. Was sie dazu bewog, weiß man nicht.

Doch liegt es nahe, an eine Äußerung des Grafen von Warwick zu denken, der während der Krankheit Johannas zu ihren Ärzten gesagt hatte, sein König wolle nicht, daß sie eines natürlichen Todes sterbe, dazu sei sie zu teuer erkauft; er wünsche, daß sie verbrannt werde.

Am 23. Mai, auf den Tag ein Jahr nach ihrer Gefangennahme, wurden Johanna in einem Saal des Schlosses die zwölf Schuldartikel vorgelesen und dann für sie übersetzt. Die ersten vier Artikel beziehen sich auf die Stimmen, den Umgang mit den Heiligen, ihr Geheimnis mit dem König, ihre Behauptung, kommende Ereignisse voraussagen zu können. In den folgenden Artikeln wird ihre Gewohnheit, Männerkleidung zu tragen, als Gotteslästerung und Verletzung der Heiligen Schrift gebrandmarkt, ihre Entfernung aus dem Elternhaus als Verstoß gegen das Gebot, die Eltern zu ehren, verurteilt, ihr Sprung aus dem Turm zu Beaurevoir als Selbstmordversuch bezeichnet. Ihr wird Aufruhr, Grausamkeit, «nach Menschenblut dürstend» vorgeworfen, Götzendienst, abgöttische Verehrung ihrer Stimmen und schließlich die hartnäckige Ketzerei, sich nicht dem Urteil der Kirche unterwerfen zu wollen. Am Schluß wird Johanna, «die teuerste Freundin mit Inbrunst beschworen», auf den Weg der Wahrheit zurückzukehren und sich dem Entscheid der Kirche zu unterwerfen.

Johannas Antwort lautete: *Das, was ich immer gesagt und in dem Prozeß aufrechterhalten habe, das will ich auch jetzt aufrechterhalten. Wenn ich vor der Verurteilung stünde und sähe das Feuer glühen, die Reisigbündel bereitgelegt und den Henker dabei, das Feuer zu schüren, und ich selbst wäre im Feuer – ich würde doch nichts anderes sagen, sondern aufrechterhalten, was ich im Prozeß gesagt habe – bis in den Tod.*[108]

Am Morgen des nächsten Tages, des 24. Mai, wurde Johanna auf den Friedhof von Saint-Ouen außerhalb der Stadt gebracht, wo ein Scheiterhaufen und zwei Holzgerüste errichtet waren. Auf dem größeren saßen die Richter und der Bischof von Winchester, Kardinal von England. Auf das kleinere, ihnen gegenüber, wurde Johanna geführt, zusammen mit dem Gerichtsdiener, dem Notar Manchon und dem Magister der Theologie Guillaume Erard. Ein Haufen englischer Soldaten und viele andere Schaulustige hatten sich eingefunden und umlagerten den Platz. Die Zeremonie, der sogenannte Glaubensakt (portugiesisch: Auto-da-Fé) war durch das Inquisitionsverfahren vorgeschrieben: der Angeklagte mußte noch einmal öffentlich aufgefordert werden, abzuschwören und konnte, wenn er sich dazu bereitfand, zu einer milderen Strafe begnadigt werden.[109]

Nachdem Erard die Angeklagte ein allerletztes Mal ermahnt hatte, sich dem Entscheid der Kirche zu unterwerfen, griff er Karl VII., «der sich

König nenne», an. Er nannte ihn einen Ketzer und Schismatiker, weil er «den Worten und Taten einer unnützen, verrufenen und ganz ehrlosen Frau» gefolgt sei. Hier unterbrach ihn Johanna und rief in selbstvergessener Empörung: *Ich schwöre bei meinem Leben, er ist der edelste Christ unter allen Christen, der den Glauben und die Kirche am meisten liebt und durchaus nicht so ist, wie Ihr sagt.* Cauchon wies den Gerichtsdiener an, sie zum Schweigen zu bringen, aber sie fuhr unbeirrt fort: *Was die Unterwerfung unter die Kirche angeht, so habe ich schon geantwortet. Alles übrige, was ich getan und gesagt habe, möge man nach Rom Unserem Herrn, dem Höchsten Priester, berichten, auf den ich nächst Gott als erstem vertraue.* Erard erwiderte, das genüge nicht, der Papst sei weit, die zuständigen Richter stünden vor ihr. Wenn sie nicht widerrufe, werde sie noch heute durch das Feuer sterben.[110]

In diesem Augenblick verließen Johanna die Kräfte. Während Cauchon das Todesurteil zu verlesen begann, und der Scharfrichter mit dem Karren sich ihr näherte, unterbrach sie den Bischof und sagte, sie wolle alles tun, was die Kirche ihr auferlege. Aus den Reihen der Engländer kamen empörte Rufe, Steine wurden geworfen, und einer rief Cauchon zu, er sei ein Verräter. Unter dem Geschrei der Menge unterzeichnete Johanna die nur acht Zeilen umfassende Abschwörungsformel mit einem Kreuz, wobei sie lächelte.

Gelegentlich hat man versucht, dieses Lächeln so zu deuten, als ob Johanna die Bedeutung des Vorgangs nicht begriffen habe, aber dagegen spricht ihr Verhalten zwei Tage später, als sie sich wieder unter Kontrolle hatte. Sehr viel wahrscheinlicher war ihr Lächeln – oder verzog sie nur die Mundwinkel? – ein krampfhafter, hysterischer Reflex ihrer Verwirrung und Verzweiflung.

Bischof Cauchon, dem es offenbar nicht an Menschenkenntnis mangelte, hatte zwei verschiedene Urteilssprüche mitgebracht und verlas nun den zweiten, der die Angeklagte, weil sie «gegen Gott und die Heilige Kirche freventlich gesündigt» habe, «zu immerwährendem Gefängnis beim Brot der Schmerzen und dem Wasser der Trübsal» verdammte.[111]

Wieder erhob sich ein Sturm der Entrüstung, namentlich unter den Engländern, die den Tod der Jungfrau wünschten und jetzt riefen, das Ganze sei nur eine Komödie gewesen. Als Graf Warwick sich beim Bischof und den Doktoren beschwerte, Johanna sei zum Schaden seines Königs entkommen, soll einer von ihnen geantwortet haben: «Seid unbesorgt, Herr, wir werden sie schon wiederkriegen.»[112]

Man hatte Johanna versprochen, wenn sie abschwöre, werde sie in den Gewahrsam der Kirche kommen und immer eine Frau bei sich haben. So mußte sie sich betrogen fühlen, als Cauchon den Befehl gab: «Führt sie zurück ins Schloß, woher sie gekommen ist.» Auch ohne romanhafter

Erfindung Raum zu geben, kann man sich vorstellen, was die lebenslange Gefangenschaft für sie bedeuten mußte, die ihr Leben auf Wiesen und Weiden am Ufer der Maas und dann auf Ritten unter freiem Himmel mit ihren Kriegsgefährten verbracht hatte. – Die englischen Wächter empfingen sie mit Hohn und Beschimpfungen. Sie zog das bereitgelegte Bußgewand an und ließ es geschehen, daß man ihr den Kopf kahl schor. Ihre Haft wurde in keiner Weise gemildert. Nachts wachten drei Soldaten in ihrer Zelle, wo sie mit einer doppelten Eisenkette an den Beinen gefesselt und so eng an einen schweren Holzblock angekettet war, daß sie sich nicht bewegen konnte.

Drei Tage nach ihrem Widerruf, am 27. Mai, erhielt Cauchon die Meldung, die Angeklagte sei rückfällig geworden und habe ihre Männerkleidung wieder angelegt, die man, vielleicht aus Berechnung, in ihrem Gefängnis gelassen hatte. Als der Bischof mit anderen Richtern am nächsten Tag in ihre Zelle kam, zeigte ihr verweintes Gesicht Spuren von Mißhandlung. Nach einigen Berichten habe sie sich über Gewalttätigkeiten ihrer Wächter beklagt, die sie zu vergewaltigen versucht hätten, so daß sie zu ihrem Schutz wieder Wams, Hose und Stiefel angezogen habe. So jedenfalls stellte es sich in den späteren Aussagen des Notars Manchon und zweier Geistlicher dar, die insofern nicht ganz unglaubwürdig sind, als Johanna sich schon früher über Versuche, ihr Gewalt anzutun, beschwert hatte. Jedoch lag für sie hier nicht der einzige Grund dafür, daß sie wieuer die Männerkleidung angezogen hatte. Denn auf Cauchons empörte Frage: «Was soll das heißen?», antwortete sie: *Ich trage sie lieber als Frauenkleidung. Es ist auch schicklicher, solange ich unter Männern bin. Außerdem habe ich sie angezogen, weil Ihr Euer Versprechen nicht gehalten habt. Ich sollte zur Messe gehen und den Leib Christi empfangen dürfen und sollte aus den Eisen befreit werden. Ich will lieber sterben, als weiter in Fesseln bleiben.*

«Habt Ihr seit Donnerstag [das war der Tag, an dem sie abgeschworen hatte] die Stimmen Eurer Heiligen gehört?» *Ja.* – «Was haben sie Euch gesagt?» *Gott hat mir durch die heilige Katharina und die heilige Margareta seine große Betrübnis über meinen schweren Verrat kundgetan, durch den ich in die Abschwörung und den Widerruf eingewilligt habe, um mein Leben zu retten. Sie haben mir gesagt, daß ich eine große Sünde begangen habe, als ich gestand, es sei nicht gut gewesen, was ich getan habe. Alles, was ich an jenem Tag gesagt und widerrufen habe, tat ich nur aus Angst vor dem Feuer.* – Im Protokoll steht hier am Rande: responsio mortifera – eine todbringende Antwort. «Glaubt Ihr, daß Eure Stimmen die der Heiligen Katharina und Margareta sind?» *Ja, und daß sie von Gott sind.* Und am Schluß: *Wenn die Richter es wollen werde ich die Frauenkleider wieder nehmen. Weiter aber werde ich nichts tun.*[113]

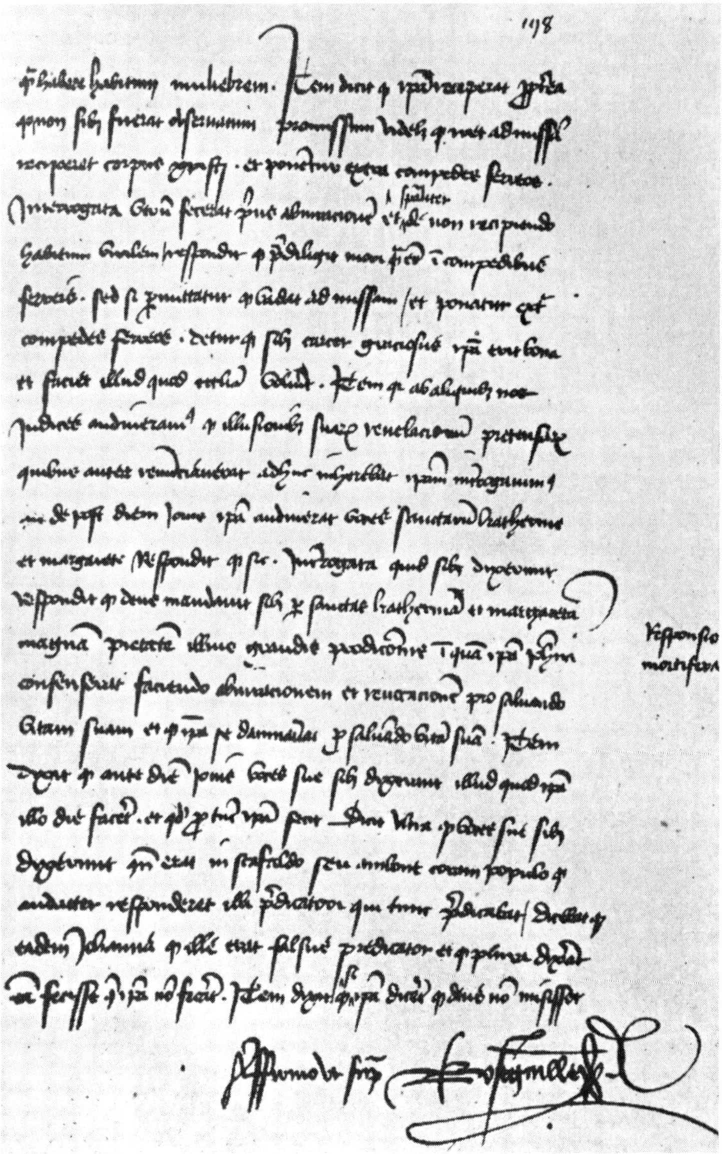

«Responsio mortifera». Randbemerkung aus dem Gerichtsprotokoll. Bibliothèque Nationale, Paris

Beim Verlassen des Gefängnisses soll Cauchon, der sich bisher um ein zwar strenges, aber korrektes Verfahren bemüht und es nicht auf den Tod Johannas angelegt hatte, dem draußen wartenden Grafen Warwick lachend zugerufen haben: «Lebt wohl, es ist geschafft, wir haben sie.» Doch sind die – ein Vierteljahrhundert später und unter völlig veränderten politischen Bedingungen gemachten – Aussagen mit Vorbehalt aufzunehmen.

Am 29. Mai wurde von den beiden Richtern Pierre Cauchon und Jean Lemaître sowie 42 Beisitzern das Endurteil gefällt, nach dem die rückfällige, exkommunizierte Ketzerin am nächsten Tage der weltlichen Macht übergeben und verbrannt werden sollte.

Am Morgen des 30. Mai betraten der Priester Jean Massieu und die beiden Mönche Jean Toutmouillé und Martin Ladvenu die Zelle Johannas. Massieu kündigte ihr die bevorstehende Hinrichtung an. Sie brach in verzweifeltes Weinen aus und rief: *Wehe, behandelt man mich so schrecklich und grausam, daß mein Leib, der nie berührt wurde, heute verbrannt und zu Asche wird! Oh, mir wäre es siebenmal lieber, enthauptet als verbrannt zu werden . . . Ach, ich werde Gott, dem Großen Richter, all das Unrecht und die Schande, die man mir antut, berichten.*

Zu Cauchon, der anschließend mit Guillaume Manchon und anderen in die Zelle kam, sagte sie: *Bischof, ich sterbe durch Euch . . . Ich werde Euch vor Gott dafür verantwortlich machen.*[114]

Nach diesen Worten, den letzten, in denen sie Empörung und Protest äußerte, wurde sie ruhig. Bruder Ladvenu nahm ihr mit Erlaubnis des Bischofs Cauchon die Beichte ab und reichte ihr den Leib des Herrn, den sie «in tiefer Andacht unter heißen Tränen und mit unbeschreiblicher Demut empfing. Von da an», so Ladvenu, «verließ ich sie nicht mehr, bis sie ihren Geist aufgab . . . Fast alle Anwesenden weinten vor Mitleid, vor allen der Bischof von Thérouanne. Ich zweifle nicht, daß sie als gute Katholikin gestorben ist. Ich wollte, meine Seele wäre dort, wo, wie ich glaube, die ihre ist.» So lautet die Aussage, die Ladvenu im Rehabilitationsprozeß 1456 machte, und sie schließt mit den Worten: «Bis zum Ende ihres Lebens blieb sie dabei und versicherte, ihre Stimmen seien von Gott und alles, was sie getan, habe sie auf Geheiß Gottes getan. Sie glaube, daß ihre Stimmen sie nicht getäuscht hätten und daß ihre Offenbarungen von Gott gekommen seien.»[115]

25 Jahre früher, im Nachverhör, das wenige Tage nach der Verbrennung Johannas stattfand, hatte Ladvenu zwar bestätigt, daß die Angeklagte am Morgen ihres Todes sich auf Christus als ihren Retter berufen und die Hostie unter Tränen entgegengenommen habe; jedoch habe sie zugegeben, daß ihre Stimmen, die ihr die Befreiung aus dem Kerker versprochen, sie getäuscht hätten.[116] Allerdings haben sich bei der

Schlußredaktion des ins Lateinische übersetzten Protokolls die offiziell bestellten Notare geweigert, die letzten, die Nachverhörsverhandlungen betreffenden Seiten zu unterschreiben.

Ruth Schirmer-Imhoff, der wir die deutsche Übersetzung der Akten beider Prozesse, der Verurteilung und der Rechtfertigung, verdanken, erwägt die Möglichkeit, daß Johanna «aus Angst, der fromme Bruder möchte ihr die letzte Wegzehrung verweigern, geleugnet» habe.[117] Die Frage muß offen bleiben, also auch die Möglichkeit, daß sie in den letzten Stunden den Glauben an ihre Stimmen verloren hat. Im Glauben an Gott ist sie auch im Angesicht des grausigen Flammentodes nicht wankend geworden.

Gegen neun Uhr morgens wurde sie, an einen Karren gefesselt, von 80 englischen Soldaten zum Alten Marktplatz von Rouen geführt und auf ein Gerüst gebracht, das gegenüber der Tribüne, auf der die Richter saßen, errichtet war. Dort stand sie fast eine Stunde lang, während ein Geistlicher, Nicolas Midi, eine Predigt hielt und Bischof Cauchon das Urteil verkündete, in dem es hieß, daß sie wie ein vom Satan der Häresie angestecktes Glied aus dem Leib der Kirche weggeschnitten werde, damit nicht andere Glieder angesteckt würden.

Der alte Marktplatz von Rouen. Zeichnung, 1525. Bibliothèque Nationale, Paris

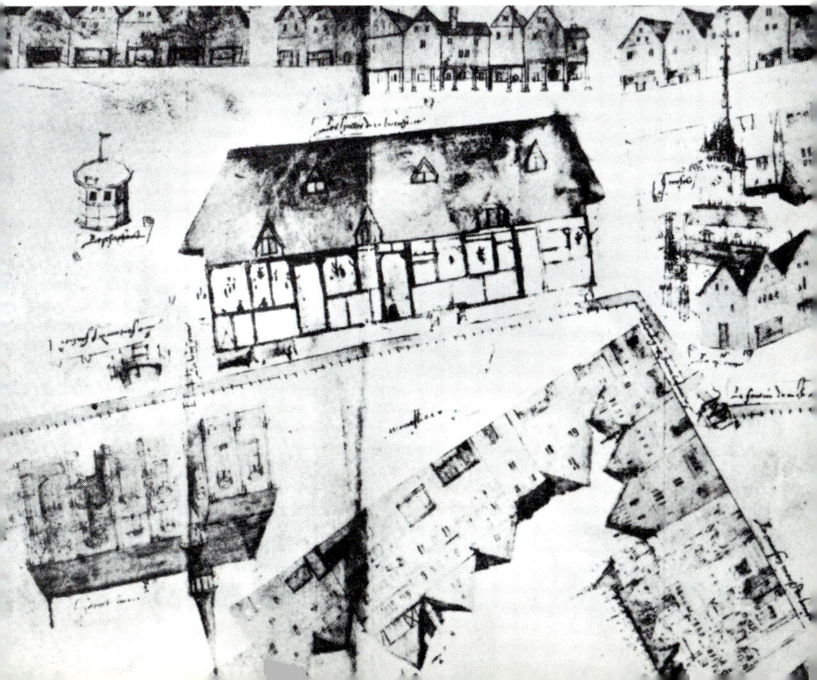

Johanna soll dann – die Berichte stimmen nicht exakt überein – lange gebetet und dabei allen, die ihr Übles getan, verziehen haben. Bezeugt ist, daß sie noch einmal einen Angriff auf die Ehre ihres geliebten Königs – der keinen Finger für sie gerührt hatte – heftig zurückwies. Auf ihre Bitte nach einem Kreuz machte ihr ein englischer Soldat eines aus zwei Holzstücken, das sie an ihre Brust drückte und sich weinend Gott und ihren Heiligen, Michael, Katharina und Margareta, empfahl. Viele der Umstehenden, auch einige Richter, weinten laut.

Bevor sie auf den Scheiterhaufen geführt wurde, setzten ihr die Knechte eine Papiermütze auf, auf der die Worte standen: Ketzerin, Abtrünnige, Götzendienerin. Als die Reisigbündel in Brand gesetzt wurden, zog sich das Tribunal zurück gemäß dem Grundsatz: Ecclesia abhorret a

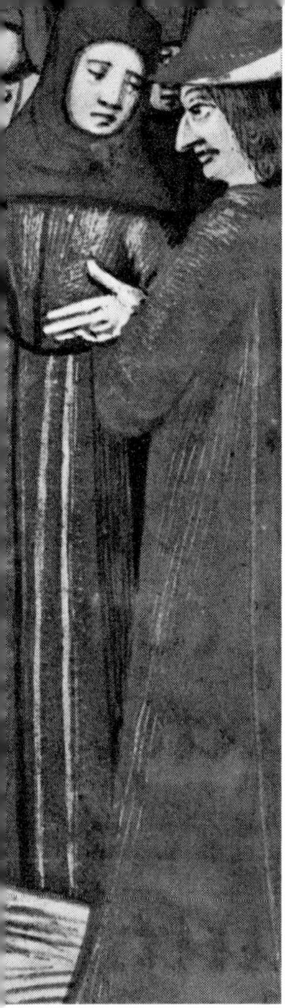

Der Scharfrichter fesselt Johanna. Miniatur, 15. Jahrhundert. Bibliothèque Nationale, Paris

sanguine – Die Kirche verabscheut Blut. Sie bat den Bruder Martin Ladvenu, ihr das Kruzifix, das er oder Ysambert de la Pierre aus einer Kirche geholt hatten, vor Augen zu halten, bis sie sterbe. Der Scheiterhaufen war auf einem Mörtelgrund so hoch geschichtet, daß es dem Scharfrichter nicht möglich war, ihr, wie allgemein üblich, den Gnadenstoß zu geben. Als die Flammen aufloderten, forderte sie den Bruder Martin, der ihr gefolgt war, auf, hinabzusteigen.[118] Dann rief sie mit lauter Stimme: *Jesus!*, wieder und wieder, bis der Rauch ihre Worte erstickte.

Ihre Asche wurde auf Befehl des Bischofs von Winchester in die Seine geworfen. Das Herz war – bei dieser Art der Verbrennung keine Seltenheit – unversehrt.

Wie reagierten das französische Volk und die Anhänger der Jungfrau auf ihren Tod? Darüber ist in den zeitgenössischen Chroniken wenig zu finden. Der Notar Boisguillaume sagte später aus, die Leute von Rouen hätten auf der Straße mit Abscheu auf die an der Verurteilung Beteiligten gewiesen.[119] Der Dominikanerbruder Pierre Bosquier äußerte am Tage der Hinrichtung, man habe übel gehandelt – und wurde dafür bestraft. Daß «das Volk das ganze Gerichtsverfahren als eine schreiende Ungerechtigkeit brandmarkte» und daß man es «als eine Schmach für Rouen» empfand, daß die Hinrichtung in seinen Mauern vollzogen wurde[120], ist nicht auszuschließen. Aber leider gibt der sonst überaus genaue Georg Friedrich Eysell, in dessen Werk sich diese Sätze finden, keine Belege an. Gewichtige Rückschlüsse erlaubt die Tatsache, daß die englische Regierung den Richtern und Räten ein Sicherheitsschreiben ausstellte, das sie davor schützen sollte, später zur Verantwortung gezogen zu werden.

Sehr belebt wurde das Andenken an die Jungfrau und die Beschäftigung der Öffentlichkeit mit ihr, als fünf Jahre nach ihrem Tod eine Abenteurerin auftrat, die sich als die Pucelle ausgab. Ein solcher Vorgang steht in der Geschichte nicht vereinzelt da, wie unter anderem die Legenden über das Fortleben des Staufers Friedrich II., das Auftreten des falschen Waldemar und des falschen Demetrius oder der verschiedenen angeblichen Söhne Ludwigs XVI. zeigen. Das Volk weigert sich, an den Tod eines Großen oder Geliebten zu glauben und klammert sich an Phantasien und Gerüchte über sein Fortleben. Die Neigung zu solchen Erfindungen hat sich bis in unsere Zeit erhalten, in der manche es für möglich hielten, daß die letzte Zarentochter die Ermordung ihrer Familie überlebt habe oder daß Hitler sich in einem Exil in Übersee verborgen halte.

Die falsche Jeanne d'Arc tauchte 1436 in Lothringen auf. Schon damals ging ein Gerücht um, die Pucelle sei nicht verbrannt worden, sondern kraft ihrer Heiligkeit den Flammen entronnen. Vielleicht machte sich das Mädchen, das sich bisher Claude genannt hatte, dies zunutze. Wie ein Zeitgenosse, der Dechant der Domkirche Saint-Thibaud von Metz, in seiner Chronik[121] berichtet, traf sie sich in der Nähe von Metz mit Johannas Brüdern Pierre und Jean, die sie als ihre Schwester erkannten. Auch einige Edelleute, die bei der Krönung in Reims zugegen gewesen waren, glaubten ihrer Versicherung, sie sei Jeanne d'Arc. Sie erzählte ihnen, daß sie aus Rom komme und im Dienste des Papstes gegen den Herzog Philipp von Mailand gekämpft habe. Nach drei Wochen begab sie sich nach Arlon, wo sie von der Herzogin Elisabeth von Luxemburg gastlich aufgenommen wurde. Bei ihr lernte sie den Herzog Ulrich von

Württemberg kennen, der ihr eine schöne Rüstung machen ließ und sie nach Köln mitnahm, wo sie sich – nach einer anderen Quelle[122] – in einen Kirchenstreit einmischte und vom Generalinquisitor von Köln der Ketzerei verdächtigt wurde. Sie floh nach Arlon und heiratete dort den Ritter Robert des Armoises, Herrn von Tichémont, dem sie zwei Kinder gebar. Die Heiratsurkunde ist zum erstenmal in einer Geschichte Lothringens aus dem Jahre 1728 publiziert worden; das Original wurde bis heute nicht gefunden. – In einem späteren Manuskript seiner Chronik korrigiert sich der Verfasser und spricht von einem jungen Mädchen, das sich die Pucelle nannte und mehrere hochstehende Personen täuschte.

Daß sie im Jahre 1439 in Orléans festlich empfangen wurde ist durch die Rechnungsbücher der Stadt bezeugt, die unter dem 1. August Ausgaben für Wein und ein Festessen sowie eine Ehrengabe von «200 Pfund Parisis» verzeichnen «für das Gute, das sie der Stadt während der Belagerung getan». Von Orléans soll sie sich, nachdem sie die Stadt übereilt verlassen hatte, in die Dienste des Marschalls Gilles de Retz begeben haben, der später wegen seiner blutigen Orgien gehängt wurde.[123]

Pierre Sala, gleichfalls ein Zeitgenosse, berichtet, die falsche Johanna sei 1440 in Paris vor König Karl VII. erschienen, der sie freudig empfangen habe. Darauf sei sie auf die Knie gefallen und habe um Gnade wegen ihres Betrugs gebeten.[124]

Dem widerspricht die Version im «Journal d'un Bourgeois de Paris», derzufolge sie auf Befehl des Parlaments und der Universität gefangengenommen, an den Pranger gestellt und zu öffentlicher Beichte gezwungen worden sei. Dabei habe sie zugegeben, daß sie nicht die Pucelle sei, sondern die Frau eines Ritters, von dem sie zwei Kinder habe.[125] – Zu denen, die von Anfang an ihre Echtheit bezweifelt hatten, gehörte Jean d'Aulon, der von den Damen, die sie in Poitiers untersucht hatten, erfahren haben wollte, daß sie nicht gebären könne. Nachdem sie vier Jahre lang die Leichtgläubigkeit des Volkes, aber auch einiger Adliger, ausgenutzt hatte, verschwand sie aus dem Blickfeld der Öffentlichkeit. Einige glaubten, sie sei zum Ritter von Armoises zurückgekehrt und 1450 gestorben. Nach anderen soll sie weitergekämpft haben und schließlich, eine Erzhure (archipaillarde), an Stätten der Unzucht verkommen sein.[126]

Übrigens war sie nicht die einzige, die sich als Jeanne d'Arc ausgab, wohl aber die bekannteste. Daß sie eine betrügerische Abenteurerin war, sollte nicht zweifelhaft sein, einerlei, welche der widersprüchlichen Berichte man gelten lassen will. Um so erstaunlicher ist es, daß seit Beginn des vorigen Jahrhunderts und vermehrt während der letztvergangenen 40 Jahre in der französischen Literatur die absurdesten Fabeln über das Fortleben der Pucelle nach 1431 erfunden worden sind. Wir werden darauf zurückkommen und haben nur deshalb der falschen Johanna soviel Aufmerksamkeit gewidmet.

Vermutungen darüber, ob Johannas Brüder arglos Getäuschte oder aber Komplicen der Betrügerin waren, unterdrücken wir schon deshalb, weil wir im Unterschied zu den Autoren, auf die wir soeben angespielt haben, der Meinung sind, daß Geschichte nicht auf Hypothesen, sondern auf belegbare Tatsachen gegründet sein sollte.

1436, fünf Jahre nach dem Tode Johannas, befand sich Paris wieder in der Hand Karls VII., und im November 1449 konnte er in Rouen einziehen, das 30 Jahre lang unter englischer Besatzung gestanden hatte. Hier in Rouen lagen die Akten des Prozesses von 1431 und lebten viele Zeugen jener Zeit. Das erklärt, freilich nur zum Teil, warum der König sich erst jetzt bereitfand, gegen das Urteil anzugehen, durch das auch er betroffen war, denn es bedeutete ja, daß es eine Ketzerin war, der er seine Krönung in Reims verdankte. Indessen stand es nicht in seiner Macht, das Urteil eines kirchlichen Gerichts aufzuheben. Er hatte nur die Chance, eine Wiederaufnahme des Prozesses zu erwirken. Er ergriff sie, indem er im Februar 1450 sich an Guillaume Bouillé, den früheren Rektor der Universität Paris, mit einem Schreiben wandte, in dem er beteuerte, er wolle die Wahrheit über den Prozeß wissen und Bouillé aufforderte, die dazu nötigen Schritte zu unternehmen.

Dieser kam dem königlichen Verlangen unverzüglich nach und ließ im März 1450 sieben Zeugen vernehmen, die bis zum Tage der Hinrichtung in Rouen anwesend gewesen waren und von denen einige Johanna auf dem Weg zur Richtstätte begleitet hatten. Ihre Vernehmung ließ bereits die Tendenz ahnen, die sich im Rehabilitationsprozeß an vielen Stellen deutlich abzeichnete: die Engländer als die eigentlich Schuldigen hinzustellen. Aber der Vatikan konnte nicht auf dieser Linie operieren, er hätte damit das katholische England, dessen Hilfe er im Kampf gegen die Türken brauchte, schwer verstimmt. So ist es nicht erstaunlich, daß noch fünf Jahre bis zur Eröffnung des Wiedergutmachungsverfahrens vergingen. In der Zwischenzeit hatten zwei Mitglieder des päpstlichen Gerichtshofs in Denkschriften die Nichtigkeit des Urteils von Rouen postuliert. Auch waren viele Erkundigungen über das Leben der Jungfrau eingezogen worden.

Entscheidend war, daß man schließlich den Ausweg aus dem Dilemma, in dem sich die Kirche befand, gefunden hatte: Man machte die Angelegenheit zu einer Privatsache, indem man die Mutter Johannas, die zurückgezogen in Orléans lebte, veranlaßte, ein Gesuch an den Heiligen Stuhl zu richten, in dem sie flehentlich um die Eröffnung eines Verfahrens zur Aufhebung des Urteils von Rouen bat. Die Bitte wurde «trotz der menschlichen Unvollkommenheiten Johannas»[127] gnädig aufgenommen, und so fand am 7. November 1455 in der Kathedrale Notre-Dame zu Paris die feierliche Eröffnung des Rehabilitationsprozesses statt.

Vor dem Erzbischof von Reims, dem Bischof von Paris und dem Inquisitor von Frankreich, Jean Bréhal, und in Anwesenheit vieler Gelehrten und Laien, Adligen und Bürger legte Isabelle d'Arc das Apostolische Dekret vor und bat um Gerechtigkeit für ihre unschuldig hingerichtete Tochter. Die Richter zogen sich mit ihr in die Sakristei zurück und ermahnten sie, sich ihr Begehren noch einmal reiflich zu überlegen, erklärten aber zugleich ihre Bereitschaft, ihrem Wunsch, wenn sie auf ihm beharre, nachzukommen.

Mit dieser Farce gespielter Unparteilichkeit begann der Prozeß, der sich im weiteren Verlauf als ein von kirchlicher und staatlicher Seite inszeniertes Verfahren und als ein Dokument menschlicher Erbärmlichkeit erweisen sollte. Mit ihm verglichen mutet der Verdammungsprozeß trotz seinen unbestreitbaren Mängeln wie ein Vorgehen strenger Korrektheit nach den Regeln der Inquisition an, obwohl die meisten Richter es an dem geringsten Wohlwollen für die Angeklagte, auch wenn manche es insgeheim empfunden haben sollten, aus politischem Opportunismus hatten fehlen lassen.

Am 17. November hielt der Anwalt der Familie d'Arc ein Plädoyer, in dem er deutlich machte, gegen wen die Klage sich richtete. Nicht etwa gegen die Gesamtheit der am Prozeß Beteiligten, sondern ausschließlich gegen die Richter Pierre Cauchon, Jean Lemaître und den Promotor Jean d'Estivet. Zufällig waren alle drei tot. Bischof Cauchon war, während er sich den Bart scheren ließ, an einem Hirnschlag gestorben; Lemaître war tot in einem Taubenhaus außerhalb von Rouen aufgefunden worden, und d'Estivets Leichnam hatte man in einer Kloake bei Rouen entdeckt. Alle Mithelfer an dem Prozeß konnten sich also als arglose Handlanger und unschuldige Erfüllungsgehilfen fühlen.

Als Vertreter der Gegenpartei ließ ein Neffe des verstorbenen Bischofs von Beauvais, Pierre Cauchon, ein Schriftstück verlesen, in dem er erklärte, nicht an der Sache interessiert zu sein und keinen Einspruch gegen die Anfechtung des Verurteilungsprozesses erheben zu wollen.

Vom 28. Januar bis zum 11. Februar fanden zunächst die Zeugenvernehmungen in Johannas Heimat statt. Unter den 34 Vernommenen waren Altersgenossen Johannas aus Domremy, einer ihrer Paten und drei Patinnen, Bauern und Bäuerinnen, ein Pfarrer, ein Küster, ein Notar und schließlich Johannas Gefährten Jean de Metz und Bertrand de Poulengy. Ihre Aussagen bestätigten alles, was über Johanna, ihre Kindheit, ihr Elternhaus bereits bekannt war. Sicher zu Unrecht hat man gelegentlich aus der weitgehenden Übereinstimmung dieser Aussagen folgern wollen, sie seien untereinander abgesprochen gewesen. Es waren ja die gleichen Fragen, die allen vorgelegt wurden. Vielleicht mag der eine oder andere Zeuge ein wenig geschönt oder idealisiert haben, doch im wesentlichen besteht nicht der mindeste Grund, an der Aufrichtigkeit der Befragten zu zweifeln.

In den nächsten Monaten folgten die Zeugenvernehmungen in Orléans, Paris und Rouen. Hier sollten also in erster Linie die Beisitzer des Prozesses von Rouen, hervorragende Männer der Wissenschaft und der Kirche, der Wahrheit die Ehre geben. Aber kaum einer wagte, auch nicht in der vorsichtigsten Form, sich zu seiner Mitwirkung an dem Verdammungsurteil zu bekennen. Fast alle benahmen sich jämmerlich. Entweder ließ ihr Gedächtnis sie im Stich, oder sie behaupteten, persönlich von der Unschuld der Angeklagten überzeugt gewesen zu sein – auch wenn sie das Urteil mitunterschrieben hatten.

Die kläglichste Rolle spielte der Bußprediger, Domherr und Professor der Theologie Thomas de Courcelles, der einfach nichts mehr wußte und sich an nichts erinnern konnte. Nur einmal verstieg er sich zu der – lügenhaften – Behauptung, er habe niemals mit Bestimmtheit gesagt, Johanna sei eine Ketzerin und habe niemals dafür gestimmt, sie zu bestrafen.[128] Der Bischof von Noyon erinnerte sich nicht, «bei dem Prozeß dabei gewesen zu sein», und gab erst auf Drängen des Richters zu: «Es scheint mir, daß ich dabei gewesen bin. Doch kann ich mich nicht recht entsinnen.»[129] Andere hatten nur wider Willen das Urteil, das ihnen ungerecht erschien, unterschrieben, oder hatten immer gefunden, daß man der Angeklagten allzu schwierige, spitzfindige und verfängliche Fragen gestellt habe. Bruder Ladvenu, einer der wenigen, die die Jungfrau, von deren Schuld er indessen überzeugt war, hatten retten wollen, wußte jetzt nach 25 Jahren mit Bestimmtheit, daß ihre Offenbarungen von Gott kamen und ihre Stimmen sie nicht getäuscht hatten.[130]

Und immer wieder waren es die Engländer, die den Tod Johannas gewollt und jeden bedroht hatten, der dagegen war. Daß die derart Argumentierenden damit zugaben, sich bei ihrer Rechtsfindung politischem Druck gebeugt zu haben, störte sie offenbar nicht. In diesem Chor nimmt sich schon eine Aussage wie die des Richters Pierre Miget: «Ich finde, sie versteifte sich zu sehr auf ihre angeblichen Erscheinungen»[131], wie ein Mutbeweis aus. Nein, um die volle Wahrheit, die Karl VII. angeblich erfahren wollte, ging es in diesem Prozeß nicht. Dafür sorgten schon die Richter, die manche wichtigen Zeugen nicht vorluden, die Aussagen anderer im Protokoll unterdrückten und, im Interesse der königlichen Kanzlei, einzelne Lebensabschnitte Johannas, zumal den zwischen Paris und Compiègne, einfach aussparten.

Schwer verständlich, daß eine so kenntnisreiche Historikerin wie Régine Pernoud den Rechtfertigungsprozeß als den «wahren Prozeß Johannas» bezeichnet. Gewiß, er brachte, zumal durch die Aussagen ihrer Kriegsgefährten und ihrer Nachbarn aus Domremy, vieles ans Licht, das bei den Verhören in Rouen unterdrückt oder entstellt worden war. Aber im Mittelpunkt standen doch die Verfahrensmängel jenes ersten Prozesses, und dieser war es, der auf dunklem Hintergrund das wahre Bild der

Pucelle überzeugend und ergreifend sichtbar gemacht hatte.

Die Protokolle des Rehabilitationsprozesses wurden zum Schluß von dem Inquisitor in Sachen des Glaubens in Frankreich, Jean Bréhal, auf mehr als zweihundert Seiten in der sogenannten «Recollectio» zusammengefaßt. Nachdem die Richter, Theologen und Juristen das gesamte Material studiert hatten, fand am 7. Juli 1456 im erzbischöflichen Palais zu Rouen in großer Öffentlichkeit die feierliche Urteilsverkündung statt. Der entscheidende Artikel des Spruchs besagt, daß «der genannte Prozeß und seine Urteile, da sie Lüge, Verleumdung, Bosheit, Widerspruch sowie offenbaren Irrtum im Rechte und in der Sache enthalten . . . null und nichtig sind, keine Gültigkeit gehabt haben noch haben werden. Wir vernichten und kassieren sie und erklären somit die genannte Johanna als

Feierlichkeiten zur Heiligsprechung Johannas am 30. Mai 1920: der Festzug auf der Place de la Concorde in Paris

gereinigt und frei von jedem Schimpf und jedem Makel.»[132]

Nach dieser Ehrenrettung Johannas hielt sich der Vatikan jahrhundertelang zurück und vermied besonders jedes Urteil über ihre Visionen. In Frankreich, zumal in Orléans, wo – von den Jahren der großen Revolution abgesehen – ihr Andenken immer lebendig geblieben war und gepflegt wurde, mehrten sich erst im 19. Jahrhundert trotz dem Widerstand antiklerikaler Kreise die Stimmen, die ihre christliche Gläubigkeit, ihre Reinheit und seelische Standhaftigkeit priesen und auf eine Kanonisierung drängten. Aber erst 1909 wurde Jeanne d'Arc durch Pius X. selig gesprochen, und am 16. Mai 1920 erfolgte ihre Heiligsprechung durch Papst Benedikt XV.

«Jeanne d'Arc n'a pas été brûlée» (Jeanne d'Arc ist nicht verbrannt worden) lautet der Titel eines 1964 erschienenen Buches. Lange bevor der Verfasser, Gérard Pesme, wie Jahre vor ihm schon Jean Grimod, dies Geheimnis preisgab, war ein anderes, nicht minder fragwürdiges, entdeckt worden: die uneheliche Geburt Johannas.

Der Entdecker war Pierre Caze, Unterpräfekt von Bergerac, der 1819 der Öffentlichkeit, die sich ziemlich uninteressiert verhielt, die «Wahrheit über Jeanne d'Arc und ihre Herkunft» mitgeteilt hatte. Seit den dreißiger Jahren unseres Jahrhunderts sind dann, soweit wir es übersehen, in Frankreich mindestens sieben Bücher erschienen, in denen die sensationelle These von der fürstlichen Bastardin verfochten wird, und acht, deren Autoren Johanna überdies nicht auf dem Scheiterhaufen sterben lassen. (Die Titel sind in der Bibliographie am Schluß dieses Bandes gesondert aufgeführt.)

Den luftigen Hypothesen, in denen sich diese Dissidenten der johannischen Literatur gefallen, wollen wir nicht die zahllosen Hagiographien mit ihrer meist unkritischen Verherrlichung der Jungfrau entgegenstellen, sondern die nüchternen Arbeitsergebnisse von Forschern wie Jules Quicherat, Siméon Luce, Pierre Champion und anderen, denen wir die Dokumente und Kommentare zum Leben Johannas verdanken. Allein Quicherat hat 1841 bis 1849 auf über 2500 Seiten die vollständigen Akten der beiden Prozesse veröffentlicht, dazu Denkschriften, Zeugenberichte und andere Verlautbarungen, die zu Lebzeiten Johannas erschienen, ihre Briefe, ferner die Texte der französischen, burgundischen und ausländischen Chronisten und Dichter des 15. Jahrhunderts, Memoiren, amtliche Urkunden wie Kontrakte, Rechnungsbücher und anderes, alles mit genauen Anmerkungen über die einzelnen Manuskripte.

Das ist das Material, mit dem allein der Historiker arbeiten kann, aus dem sich Geschichte rekonstruieren läßt und vor dem Skandalhistörchen zu Schatten verblassen. Treten wir also in den dritten Prozeß ein, den Verleumdungsprozeß, «procès en diffamation», wie ihn Yann Grandeau in seinem Buch «Jeanne insultée» (Die verunglimpfte Johanna) genannt hat.

In seinem zweibändigen Werk hatte Pierre Caze 1819 die Behauptung aufgestellt, Johanna sei die im Ehebruch und Inzest gezeugte Tochter der Isabeau von Bayern und ihres Schwagers Ludwig von Orléans und somit die Halbschwester «ihres» Dauphins Karl VII. gewesen. Mehr als ein Jahrhundert später, im Jahre 1932, erregte der Historiker Jean Jacoby durch zwei im «Mercure de France» veröffentlichte Artikel beträchtliches Aufsehen. Er griff darin, ohne auf seinen Vorgänger Pierre Caze Bezug zu nehmen, dessen These wieder auf und erweiterte sie. Danach wurde Johanna in Domremy überwacht und auf ihre Mission vorbereitet, bis man ihr offenbarte, wie sie mit dem Königshaus verbunden war. Ein königlicher Abgesandter geleitete sie nach Vaucouleurs und von dort nach Chinon, wo sie von den Mitgliedern des Hauses Orléans – daher ihr Beiname «Jungfrau von Orléans» – besonders protegiert wurde. Um ihre wahre Herkunft zu verschleiern, wurde das Märchen von der Lothringer Schäferin erfunden. – Jacoby veröffentlichte dann in den Jahren bis 1941 noch drei Bücher über Leben und Geheimnis der Jeanne d'Arc. Sie brachten ihm scharfen Widerspruch ein, aber auch Zustimmungen in der Presse und die Aufmerksamkeit einer breiten Leserschaft.

Vielleicht ermuntert durch deren Leichtgläubigkeit stellte 1952 Jean Grimod in einem denkbar schwach dokumentierten und schlecht geschriebenen Buch «Jeanne d'Arc a-t-elle été brûlée?» eine Hypothese auf, deren Erfindungsgeist die früheren noch überbot: Die königliche Prinzessin Johanna wurde zwar von den Priestern verurteilt, aber sie wurde nicht verbrannt, sondern im letzten Augenblick mit einer anderen, der Hexerei beschuldigten Frau vertauscht, die statt ihrer brennen mußte.

Auch dieser Legende schlossen sich mehrere Autoren an (Gérard Pesme, Jean de Saint-Jean, André Guérin, Maurice David-Darnac, Pierre de Sermoise, Étienne Weill-Raynal), während andere (M. und L. Forlière, Édouard Schneider, Jean Bosler, Jean Bancal) es mit der These von der unehelichen Tochter aus dem Hause Orléans genug sein ließen. Unter den letzteren nimmt der verstorbene Kirchenhistoriker Édouard Schneider, obwohl auch er in Jeanne einen Sprößling aus dem Hause Orléans sah, eine besondere Stellung ein. Der gläubige, von dem übernatürlichen Charakter der Sendung Johannas überzeugte Katholik hatte in einem Privatbrief mitgeteilt, daß er in den Archiven des Vatikans ein geheimes Dokument über die Personalien der Jungfrau entdeckt habe. Obwohl er nichts über den Inhalt verriet, wurde die Ansicht verbreitet, daß es sich dabei um den verschollenen Bericht der Untersuchungskommission von Poitiers handle und daß dieser die fürstliche Abkunft Johannas bestätige. Schneiders Dementis führte man auf den angeblichen Druck hoher kirchlicher Stellen zurück, die die Schäferinlegende nicht zerstört sehen wollte. – Eine neue Version brachte der Ingenieur Jean Bosler ins Spiel. Für ihn war auch Karl VII. ein Sohn Ludwigs von Orléans. Johannas geheime Unterredung mit dem König hatte also die Verständigung zwischen den beiden Bastarden zum Inhalt.

Die Behauptung, Jeanne d'Arc sei eine uneheliche Prinzessin gewesen und ihr Leben habe nicht auf dem Scheiterhaufen geendet, ist in jüngster Zeit namentlich in zwei Büchern ausführlich vertreten worden. Der französische Journalist André Guérin veröffentlichte 1961 in Zusammenarbeit mit dem Engländer Jack Palmer-White in englischer Sprache «Operation Shepherdess – The Mystery of Joan of Arc» (Unternehmen Schäferin. Das Geheimnis der Jeanne d'Arc), deutsch 1963, mit einer Anleihe bei Schiller, unter dem Titel «Johanna sagt euch ewig Lebewohl» erschienen. Der Verfasser des anderen Buches, «Les Missions secrètes de Jehanne la Pucelle» (1970), Comte Pierre de Sermoise, ist ein Nachkomme des Ritters von Armoises, den Johanna 1436, fünf Jahre nachdem sie dem Flammentod entronnen sei, angeblich geheiratet hat.

Sollte, wie wir hoffen, unsere Darstellung eine einigermaßen anschauliche Vorstellung von dem Mädchen Johanna vermittelt haben, so wird der Leser, macht man ihn mit diesen Konstruktionen bekannt, wahrscheinlich entgegnen: Unmöglich! und sich dabei auf die simpelste Menschenkenntnis berufen. Aber das ist keine unbedingt zuverlässige Erkenntnisquelle, und wir bedienen uns ihrer schon deshalb kaum je, weil die genannten Autoren ihre Hypothesen großenteils auf Argumente der Psychologie und Logik stützen – wohlgemerkt: der Psychologie und Logik unserer Tage – und dabei eine entwaffnende Unkenntnis der religiösen, kirchlichen, psychologischen, rechtlichen, feudalen, dynastischen Realitäten des 15. Jahrhunderts bezeugen.

Auf der ersten Seite ihres Buches sprechen Guérin und Palmer-White von Johanna als dem «neugebackenen General» und auf der zweiten Seite konstatieren sie: «Es ist unmöglich, an das analphabetische Schäfermädchen niederer Herkunft zu glauben. Es ist jedoch durchaus möglich, an die Hauptdarstellerin einer glänzend inszenierten politischen Komödie zu glauben, an die Heldin einer der glanzvollsten tours de force der Weltgeschichte.» – Eine rechtschaffene Untersuchung endet mit dem Ergebnis; nimmt man es vorweg, wird man die Beweise danach aussuchen, ob sie zu der vorgefaßten Meinung passen.

Halten wir uns also an die Dokumente, an die authentischen Tatsachen und prüfen nach, welchen Gebrauch oder Mißbrauch die Verfechter der Hypothese von der hochgeborenen, der Hinrichtung entkommenen, Bastardin von ihnen machen.[133]

Die Thesen von Guérin und Palmer-White besagen chronologisch geordnet – ihr Buch ist in seiner Komposition von verwirrender Unübersichtlichkeit – zunächst: Johanna wurde nicht 1412 geboren, sondern 1407. Sie war auch «keine geistig unterbelichtete Schäferin», sondern königlichen Geblüts. Ihre Mutter war Isabeau von Bayern, die Gemahlin Karls VI., ihr Erzeuger dessen Bruder Ludwig von Orléans. Dem offiziellen Kommuniqué und den Kirchenbüchern von Saint-Denis zufolge brachte Isabeau am 10. November 1407 einen Sohn zur Welt, der Philipp genannt wurde und nach wenigen Tagen starb. In Wirklichkeit war das Neugeborene kein Knabe, sondern ein Mädchen, und es starb auch nicht.

Mit suggestivem Nachdruck wird der Leser ermahnt: «Man schreibe sich dieses Datum und Ereignis sorgfältig hinter die Ohren!» Das Mädchen wurde acht Wochen später nach Domremy gebracht zu Jacques d'Arc, «dem ersten Beamten des Bezirks», der «ein kleines Schloß bewohnte». Wie Philipp de Boulainvilliers berichtet habe, geschah das in der Nacht des 6. Januar 1408: die Hähne begannen damals zu krähen und mit den Flügeln zu schlagen, und die erschreckten Einwohner hörten das Trampeln von Pferdehufen und sahen den Schein von Fackeln. «Seit Johannas frühester Kindheit waren zwei Männer stets im Hause der d'Arcs und ständig in Johannas Nähe: Bertrand de Poulengy und Jean de Metz.»[134]

Gegen diese kühnen Annahmen, die als zweifelsfreie Tatsachen vorgebracht werden, drängen sich mehrere Bedenken auf:

Sollte den Paten und Patinnen Johannas, von denen vier im Rehabilitationsprozeß ausgesagt haben, nicht aufgefallen sein, daß sie ein fünfjähriges Kind aus der Taufe hoben? Und konnte es in Domremy, einem Ort von nur 30 Häusern, unbemerkt bleiben, wenn die Bäuerin Isabelle d'Arc ein Kind bekam? – Was das genaue Geburtsjahr Johannas betrifft, gab es damals allerdings keine standesamtlichen Listen. Aber nicht nur sie selbst hat 1431 vor Gericht gesagt, sie sei «ungefähr neunzehn Jahre», vielmehr haben zahlreiche Einwohner Domremys, darunter Altersgenossen, zum Beispiel ihr Spielkamerad Jean Waterin, geboren 1411, ein entsprechendes Alter bestätigt. 1429, in Poitiers, hielten ihre Begleiter sie für sechzehn und nicht für zweiundzwanzig, was in diesem Alter doch einen merklichen Unterschied ausmacht, und die Prozeßzeugen schätzten sie auf siebzehn oder achtzehn, einige auf zwanzig, aber keiner kam auf den Gedanken, sie für vierundzwanzig zu halten. Die einzige Ausnahme sei der Ordnung halber erwähnt. Am 29. Januar 1456 erklärte die Bäuerin Hauviette de Sionne, die ihr Alter mit «ungefähr 45 Jahren» angab, demnach also etwa 1411 geboren war, daß ihre Kindheitsfreundin Johanna «wie man sagte, drei oder vier Jahre älter» als sie gewesen sei.[135] Diesen Strohhalm eines Beweises wollen wir den Hypothetikern überlassen, obwohl sie an anderen Stellen den Aussagen einfältiger Bauern aus einem Nest wie Domremy keinen Wert beimessen. Aber sehen wir weiter: Jacques d'Arc war einige Jahre der Dorfschulze von Domremy; kann man ihn deshalb den «ersten Beamten des Bezirks» nennen? Sein «kleines Schloß» gegenüber der bescheidenen gotischen Dorfkapelle existiert noch. Die ärmliche Fassade zeigt neben der niedrigen Eingangstür[136] zwei kleine, darüber ein enges, schmales Fenster; das flache Dach senkt sich seitlich über einen Halbgiebel bis fast zur Erde des Gartens. – Den Brief Perceval de Boulainvilliers (so heißt er nämlich und nicht Philipp de B.) an den Herzog von Mailand haben wir (S. 34f) zitiert als ein Beispiel der sich schon damals ausbreitenden Legenden, für die er üppige

Belege liefert. Zwar spricht er von der Nacht des 6. Januar, der Epiphaniasnacht, das Jahr jedoch gibt er nicht an. Seltsam bleibt, daß die Verbringung des hochgeborenen Mädchens, die ja streng geheimgehalten werden sollte, mit soviel Lärm der fackelschwingenden Bewaffneten vor sich gegangen sein soll.

Von den «beiden Männern, die seit Johannas frühester Kindheit ständig in ihrer Nähe» waren, um sie auf ihre Mission vorzubereiten, war der eine, Bertrand de Poulengy, damals vierzehn, der andere, Jean de Metz, acht Jahre alt. Beide haben Johanna nachweislich erst in Vaucouleurs kennengelernt, der letztere, als sie zu Baudricourt vorgelassen werden wollte und er «die Kleine» ansprach (vgl. S. 22). Bertrand de Poulengy wurde, wie an der gleichen Stelle berichtet, damals nach Domremy gesandt, um Erkundigungen über Johanna einzuziehen. Seine Äußerung: «Ich war mehrmals [lat. pluries] im Hause ihrer Eltern» bezieht sich auf diese Erkundungsreise und wurde in diesem Zusammenhang getan.[137] Daß er ihr Elternhaus schon früher gekannt habe ist eine durch nichts zu begründende Interpretation seiner Worte. – Unerklärlich bleibt auch, daß die ständige, jahrelange Anwesenheit der beiden Ortsfremden von keinem der Dorfbewohner bemerkt worden sein soll.

Von der Geschichte im strengen Sinn müssen wir uns nun der bereits erwähnten Alkovenstory zuwenden, nach der Johanna am 10. November 1407 als illegitime Tochter Ludwigs von Orléans und seiner Schwägerin Isabeau zur Welt kam. Gleich nach der Geburt habe man in Paris einen toten Knaben, der nur wenige Stunden gelebt hatte, ausfindig gemacht und ihn an Stelle des Mädchens als das neugeborene Kind ausgegeben. Warum diese merkwürdige Kindesunterschiebung? Weil man die Nachstellungen des mit Ludwig von Orléans verfeindeten Johann von Burgund fürchtete, der in der Tat zwei Wochen später, am 23. November 1407, seinen Gegner, als dieser nach einem Abendessen mit Isabeau deren Palais Barbette verließ, auf dem Heimweg ermorden ließ. Damit hatte sich der Burgunder seines politischen Rivalen entledigt, aber warum sollte er von den acht lebenden Kindern Isabeaus, die ja offiziell als Kinder König Karls VI. galten, gerade dem letzten, zudem einem Mädchen, nach dem Leben trachten? (Daß die damals noch lebende zweitgeborene Tochter Isabeaus gleichfalls den Namen Johanna trug, sei des Kuriosums halber erwähnt.) – Eine weitere Frage, für die man vergeblich nach einer halbwegs einleuchtenden Antwort sucht: Warum wartete man zwei Monate, bis man am 6. Januar 1408 das Mädchen in dem kläglichen Exil Domremy unter dort aufsehenerregenden Umständen in Sicherheit brachte?

Das Bemühen, den Anforderungen gerecht zu werden, die man hier unserer Phantasie abverlangt, löst weitere, vielleicht allzu skrupulöse

Bedenken aus: Ist es glaubhaft, daß alle bei einem königlichen Wochenbett anwesenden Personen, Arzt, Hebamme, Kammerfrauen, von so unverbrüchlicher Diskretion waren, daß keine von ihnen sich im Laufe der Jahrzehnte eine verräterische Andeutung entschlüpfen ließ? Und wieso hatte Isabeau, die ihren vier Jahre früher geborenen Sohn Karl, den Dauphin, später als illegitim erklären ließ, Hemmungen, sich zu dieser Bastardtochter zu bekennen? «Im frühen 15. Jahrhundert», so bestätigen Guérin und Palmer-White selbst, «hatte das Wort ‹Bastard› keinerlei üblen Beigeschmack. Ein Bastard war kein gesellschaftlicher Außenseiter, den die Familie totschwieg.»[138] Dunois zum Beispiel nannte sich, auch nach seiner Erhebung in den Grafenstand, stets Bastard von Orléans.

Immerhin gibt es in der Geschichte der Jungfrau Episoden oder Äußerungen, die den Anhängern der Bastard-Theorie scheinbar als Beweisstücke dienen können. Einige davon haben wir im Laufe der Darstellung erwähnt. So die Bemerkung Johannas, als sie den Herzog von Alençon im Gespräch mit Karl VII. antraf: *Je mehr von königlichem Blut beisammen sind, desto besser* – ein Beweis also dafür, so könnte man folgern, daß sie selbst königlichen Geblüts war und es wußte. Nimmt man aber das Original zur Hand, so findet man, daß Alençon die Jungfrau folgendermaßen zitiert: «Quanto plures e r u n t de sanguine regis Franciae insimul, tanto melius» und nicht «Quanto plures e r a m u s»[139] – sie selbst schloß sich also in keiner Weise in den erlauchten Kreis mit ein.

Ein anderes Beispiel großzügiger Auslegung: Wäre Dunois nicht ihr Halbbruder gewesen, hätte sie ihn vor Orléans nicht derart barsch anherrschen können, wie sie es tat, als sie – laut Guérin und Palmer-White[140] zu ihm sagte: «Ihr wolltet mich wohl zum Narren halten. Aber der einzige Narr seid Ihr selbst.» Das kann man wohl eine unerlaubt freie Übersetzung nennen, denn die wörtliche müßte lauten: *Ihr habt geglaubt, mich zu täuschen, aber Ihr habt Euch selbst getäuscht* (vgl. S. 40).

Aber nannte sie sich – ein weiteres Argument der «Enthüller» – nicht «La Pucelle d'Orléans»? Nein! Sie selbst hat nie anders als «Jeanne» oder «Jehanne la Pucelle» von sich gesprochen, und nicht ein einziger ihrer Zeitgenossen im ganzen 15. Jahrhundert hat sie je «La Pucelle d'Orléans» genannt. Diese Bezeichnung findet sich zum erstenmal 1555 in einem allegorischen, ziemlich schwülstigen Werk «Le Fort inexpugnable de l'honneur du sexe féminine, construit par François de Billon» (Die uneinnehmbare Festung der Ehre des weiblichen Geschlechts). – Den Namen d'Arc – um das noch anzufügen – hatte sie, unseren Autoren zufolge, als man sie in Rouen danach fragte, «. . . vergessen. – Natürlich, es war nicht der ihre.»[141] Hier muß man schon von bewußter Fälschung sprechen, denn bei der richterlichen Befragung gab sie klar und eindeutig Jacques und Isabelle d'Arc als ihre Eltern an. Ihre Mutter trug, wie das nicht unüblich war, den Zunamen Romée. *Mich selbst nannte man zu Hause Jeannette. Von einem Zunamen für mich weiß ich nichts.*[142]

Unerfindlich auch bei sorgfältigstem Aktenstudium bleibt, worauf sich die mehrfach vorgebrachte Behauptung stützt, Johanna habe im Bewußtsein ihrer fürstlichen Herkunft Karl VII. gegenüber ein respektlos-vertrauliches Verhalten an den Tag gelegt. Wenn sie ihn auch vor der Krönung meist mit «Dauphin» anredete, so doch gewöhnlich fußfällig und in der Form: *Sehr erlauchter Herr Dauphin!*, und noch in Reims umschlang sie seine Knie unter Tränen mit den Worten: *Edler König!* – Daß auf keiner der Medaillen, die Karl VII. später zur Feier der Wiedererlangung seines Reichs prägen ließ, der Name der Jungfrau erscheint, läßt wohl kaum die Deutung zu, daß er sich ihr verwandtschaftlich verbunden fühlte.

Um keinen Punkt der von den Verächtern historisch dokumentierter Fakten als Beweis benutzten Vorgänge auszulassen, seien noch deren Folgerungen aus der Erhebung Johannas in den Adelsstand und der damit verbundenen Verleihung eines Wappens geprüft. Die Adelung (vgl. S. 70) fand im Dezember 1429 statt, zu einer Zeit, als sich die Ratgeber des Königs gegen die weitere Aktivität der Jungfrau sträubten und sie nicht zuletzt deshalb von ihrem «liebenswürdigen Herzog», Jean d'Alençon trennten. Wohl zu Recht vergleicht die Jeanne-Spezialistin Régine Pernoud die Ehrung mit der klassischen Geste, mit der man heutzutage einem verdienten Staatsmann den Abschied gibt. – Jedoch das Wappen! In blauem Feld zwei goldene Lilien zu beiden Seiten eines senkrechten Schwertes, dessen Spitze nach oben auf eine goldene Krone zeigt. Dazu Guérin und Palmer-White: «Goldlilien in azurnem Feld waren das Wappen des französischen Königshauses. Das Schwert stellte einen Bastardbalken dar, der auf Illegimität oder auf eine Nebenlinie des Hauses hinweist.»[143] Was die Lilien betrifft, so finden sie sich auf den Schildern vieler Mitkämpfer, denen der König damals gleichzeitig eine Auszeichnung verlieh. Außerdem trug das Wappen der französischen Könige nicht zwei, sondern drei Lilien und diese in anderer Anordnung. Das Schwert aber war niemals in der Heraldik ein Bastardzeichen. Als solches figurierte immer nur der Querbalken (brisure), der diagonal von links nach rechts verlief und den jeder Bastard in seinem Wappen trug.

Hatten wir es bisher mit Hypothesen zu tun, die zwar einer Nachprüfung nicht standhalten konnten, aber sie doch herausforderten, so begeben wir uns mit der Fabel von dem «Unternehmen Schäferin» ins Gebiet der bloßen Erfindung. Lauschen wir den Worten des danach betitelten Buches:

«Der September [1428] kam, und die Anglo-Burgunder rückten von

Die älteste Darstellung Johannas. Illustration aus «Le Champion des Dames» von Martin le Franc, 1451. Bibliothèque Nationale, Paris

Norden her auf Orléans vor. Die Lage war verzweifelt. Yolande [von Aragón, die Schwiegermutter Karls VII.] gab sich keiner Täuschung hin ... Sie wußte, daß sie allein niemals in Karl die Entschlossenheit wecken könne, die diese Krise erforderte ... Sie fand den einzigen Menschen, der Karl nahe genug stand, Gérard Machet, Karls Lehrer und – das war weit wichtiger – Beichtvater. Ein Vorläufer der Grauen Eminenzen, erwies er sich als einer der hervorragendsten Regisseure der politischen Komödie ... Wenn der arme Karl plötzlich von einer Persönlichkeit unterstützt würde, die nicht nur eine Jungfrau und eine Hirtin, sondern auch eine Wundertäterin war, dann wäre damit bewiesen, daß Gott durch sie den Armagnacs zu Hilfe kam ... Der Zufall wollte es, daß das Haus Orléans seit vielen Jahren insgeheim eine junge Unbekannte hatte ausbilden lassen. Ursprünglich hatte wohl niemand geglaubt, daß man einmal ihre Dienste benötigen würde, doch ließ man ihr die Erziehung angedeihen, auf die sie durch Geburt und Stellung Anspruch hatte ... Die Armagnacs sperrten also die Mäuler auf, als Johanna am 6. März 1429 in Chinon eintraf. An diesem Tag startete Gérard Machet das ‹Unternehmen Schäferin›.»[144]

In den Bereich der Fabel wollen wir den Autoren nicht folgen, sondern nur die einzige darin enthaltene Tatsache, die zutrifft, bestätigen: Machet war der Beichtvater Karls VII. Was die standesgemäße Ausbildung betrifft, so sei daran erinnert, daß Johanna nicht nur nach ihren eigenen Worten: *ich weiß weder A noch B*, nicht lesen und schreiben konnte. Nachweislich hat sie erst 1429 oder 1430 gelernt, ihren Namen zu schreiben. Unter den fünf von ihr diktierten Briefen, die im Original erhalten sind, tragen nur die letzten drei ihre von der Textschrift deutlich unterschiedene Unterschrift, wobei die Signatur des ersten dieser drei Briefe noch so ungeschickt ist, daß die beiden «nn» in «Jehanne» statt vier Grundstriche deren fünf aufweisen.

Doch genug solcher Kleinigkeiten, denn da ist ja noch jene zweite, alles bisher Geglaubte widerlegende große Entdeckung: Johanna ist nicht am 30. Mai 1431 auf dem Altmarkt von Rouen verbrannt worden, sondern am Morgen dieses Tages, bevor ihr Bruder Martin Ladvenu die letzte Kommunion reichte, durch einen unterirdischen Gang entführt worden.[145] Eine andere, als Hexe verurteilte Frau wurde statt ihrer verbrannt.

Hier bleibt uns eine umständliche Konfrontation mit den Dokumenten nicht erspart, auch wenn manche schon zitiert worden sind. So die eidliche Aussage von Martin Ladvenu, daß er Johanna die letzte Kommunion erteilt habe, wobei er hinzufügte: «Ich verließ sie nicht mehr, bis sie ihren Geist aufgab» (vgl. S. 104). Daß Jean Toutmouillé und der Priester Jean Massieu der Beichte beiwohnten, der letztere sie außerdem zur Richtstätte begleitete, wird von unseren Autoren ebenfalls ignoriert. Von dem Magister Nicolas de Houppeville, der berichtet, daß er die Jungfrau auf dem Weg vom Schloß zur Richtstätte gesehen und daß sie sehr geweint habe, heißt es bei Guérin und Palmer-White: «. . . er wußte mit Gewißheit gar nichts.»[146] Denn ebensowenig wie alle anderen, die es bezeugen, konnte er sie auf dem Weg zum Altmarkt gesehen haben. Wurde sie doch «nach den Aussagen derer, die sie gesehen haben wollen, mit verhülltem Haupt [le visage embronché] zum Scheiterhaufen geführt»[147]. So wenigstens übersetzen die Verfasser die betreffende Stelle bei dem Chronisten Perceval de Cagny. Dazu geben wir Ruth Schirmer, auf deren sachkundigen Aufsatz bereits hingewiesen wurde[148], das Wort: «Für die Sprache des 15. Jahrhunderts ist das altfranzösische Wörterbuch von Godefroy zuständig und im Deutschen der Tobler-Lommatzsch, wonach embronchiert soviel heißt wie geneigt, gebeugt, nach vorn gesunken, mit verdüstertem Gesicht . . .»

Ein kleiner, verzeihlicher Übersetzungsfehler! Aber hätten die Verfasser, bevor sie daraus die lapidare Folgerung zogen: «Niemand konnte sie sehen»[149] nicht die Akten der auch von ihnen so genannten «monumentalen Sammlung» (von Jules Quicherat) einsehen sollen, auf die sich ausschließlich und in jedem Detail zu stützen sie im Vorwort beteuern? Sie hätten sich dann leicht davon überzeugen können, daß der Jungfrau das Urteil «coram populo», angesichts des Volkes, verlesen wurde, und daß viele sie in ihrer letzten Stunde gesehen haben. Während sie auf dem Gerüst stand haben sie namentlich, nach authentischen Quellen und eidlichen Aussagen, gesehen: ihr Arzt Guillaume de la Chambre, der Bischof von Noyon, der Stellvertreter des Schultheißen von Rouen, Pierre Daron, der Bischof Jean Lefèvre, der Richter und Notar Laurent Guesdon. Ysambert de la Pierre hat sie «so demütige, fromme und gläubige Worte sagen hören, daß alle, die sie sahen, eine große Zahl, heiße Tränen weinten».

Und trotzdem die Behauptung: «Niemand konnte sie sehen?» Natürlich nicht. Erstens, weil Johanna, wie uns erzählt worden ist, schon kurz zuvor entwichen war. Zweitens, weil – einem Übersetzungsfehler zufolge – die Delinquentin, die statt ihrer sterben mußte, durch das vermummte Gesicht unkenntlich gemacht war. Drittens aber haben die um Argumente nie verlegenen Verfasser sich aus einem 1933 in Paris erschienenen Buch über «Verbrechen und Bestrafungen im 18. [!] Jahrhundert»[150] darüber unterrichtet, daß ein Verurteilter nicht auf, sondern in dem Scheiterhaufen verbrannt wurde, der auf allen vier Seiten von mannshoch geschichteten Reisern umgeben war. «Der Gefangene . . . bestieg nicht einen Holzstoß, er ging hinein . . . Die Zuschauer sahen nichts. Der Verurteilte war also wie in einer Kiste eingeschlossen.»[151]

Danach hätte Bruder Ladvenu, der ihr bis zuletzt das Kreuz vor Augen hielt, in der Kiste mitverbrennen müssen. Aber offenbar war der Scheiterhaufen auf dem Altmarkt von Rouen anders beschaffen, denn Johanna bat Ladvenu ja nicht, aus der Kiste hinauszugehen, sondern hinabzusteigen (S. 107). – Ein anderer Zeuge, Jean Marcel, Bürger von Rouen, sagte: «Ich habe sie in den Flammen gesehen»; der Priester Jean de Lenozoliis: «Ich sah sie brennen», und der Magister Jean Fave «hörte sie, schon in den Flammen stehend, den Namen Jesu rufen». Schließlich hat sich, wie erwähnt, der Scharfrichter darüber beklagt, daß er ihr der großen Höhe wegen den Gnadenstoß nicht habe geben können.[152] (In dieser Anmerkung sind die Quellen aller hier zitierten, die Hinrichtung betreffenden, Aussagen angegeben.)

Wie soll man, fragen wir uns nach alldem, sich mit Autoren auseinandersetzen, die jede historische Methodik und wissenschaftliche Redlichkeit derart mißachten, daß sie mit Zeugnissen nach Belieben umspringen, sie nicht auf Authentizität prüfen, sie unterschlagen, wenn sie ihnen nicht ins Konzept passen, ja, wie wir mehrfach feststellen mußten, sie entstellen oder gar fälschen. Sie erfinden, spekulieren und kombinieren, als habe es Quicherat, Michelet, Eysell, Cordier, Pernoud nie gegeben.

Der Verfasser gesteht, daß es ihm nicht immer leicht gefallen ist, bei der Behandlung dieser Art von Geschichtsklitterung nicht in Polemik zu verfallen, sondern sich darauf zu beschränken, den Erfindungen die Tatsachen, den Fiktionen die Dokumente gegenüberzustellen. Doch mag er sich nicht versagen, mitzuteilen, wie Yann Grandeau, der sich gründlicher als je ein anderer mit diesen Dissidenten befaßt hat, deren Arbeitsweise charakterisiert, indem er ihnen vorhält, mit großzügigen Auslegungen, zweifelhaften Zitaten, boshaften Unterstellungen, halsbrecherischen Interpretationen, übereilten Folgerungen, absichtlichen Auslassungen, fehlerhaften Übersetzungen und insgesamt mit leichtfertigen Erfindungen zu operieren.[153]

Von dieser Beurteilung nimmt er lediglich Étienne Weill-Raynal aus, den er als einen Gegner von Rang anerkennt. Zwar bedauert er, daß der Gelehrte in seinem 1972 erschienenen Buch «Le double Secret de Jeanne la Pucelle, révélé par des documents de l'époque» dem Blendwerk aus einer Handvoll unhaltbarer Behauptungen verfallen sei, gesteht ihm aber zu, daß er, besser informiert und gewissenhafter als seine Meinungsfreunde, eine gewisse Höhe in die Debatte gebracht und die gröbsten Fallen gemieden habe, ohne freilich den raffinierteren zu entgehen.[154] Wir schließen uns diesem Urteil um so lieber an, als wir uns an mehreren Stellen der Widerlegung die vorsichtigen Einwände Weill-Raynals zunutze machen konnten.

Dagegen unterscheidet sich das bereits erwähnte Buch von Pierre de Sermoise «Les Missions secrètes de Jehanne la Pucelle» nur in zwei

Punkten von denen seiner Vorgänger. Es ist besser geschrieben und es behandelt ausführlicher die vermeintlichen Geschicke Johannas nach ihrer Flucht oder Befreiung aus dem Kerker von Rouen. Begreiflicherweise übernimmt der Nachkomme des Ritters von Armoises nur zum Teil, was über die falsche Johanna dokumentarisch überliefert ist und in dem Kapitel «Die Dame von Armoises» ausführlich referiert wurde. Nach seiner Version wurde Johanna zunächst fünf Jahre lang von Philipp dem Guten von Burgund in dem Schloß Montrottier in Savoyen festgehalten, das noch heute im Volksmund «Prison de la Pucelle» (Gefängnis der Jungfrau) genannt wird. Dann habe sie den Edelmann Robert des Armoises geheiratet, sich ins Privatleben zurückgezogen und sei kinderlos auf dessen Familienschloß bei Metz 1449 gestorben. Auch nach ihrer Eheschließung sei sie Jungfrau geblieben, und zwar aus einem gynäkologischen Grund: infolge eines extrem engen Beckens und einer Mißbildung ihres Geschlechtsorgans sei sie zu sexueller Vereinigung nicht fähig gewesen. Ihr Ehemann, «le pauvre chevalier», habe sich daraufhin in das Kloster der Zölestiner von Metz zurückgezogen und das Gelübde lebenslanger Enthaltsamkeit abgelegt.[155]

Außer einigen Dokumenten, deren Glaubwürdigkeit sehr umstritten ist, führt Sermoise noch einen «Beweis» ins Feld. In der mittelalterlichen Dorfkirche im lothringischen Pulligny-sur-Madon hat er 1968 eine verwitterte Grabplatte freigelegt. Sie trug das gleicharmige Kreuz der Franziskanerbewegung und die Inschrift: PRIEZ POUR L AME D . . . . . LLE, was nach der Meinung des Grafen bedeutet: Betet für die Seele der Jungfrau.[156]

In ihrem Referat über das Buch von Pierre de Sermoise weist die Zeitschrift «Der Spiegel» (28. Dezember 1970) noch kurz auf ein 1970 erschienenes Buch von Henri Guillemin «Jeanne, dite Jeanne d'Arc» (Die sogenannte Jeanne d'Arc) hin. Dem Magazin zufolge wird darin Johanna als ein «derbes Plebejermädchen» hingestellt, das «als Maskottchen den königlichen Troß nach Orléans begleitet und beim Nachtlager den Soldaten gern ihre bloßen Brüste vorgewiesen» habe. Das hämische Bestreben, eine große Gestalt der Geschichte zu verleumden und zu erniedrigen, zeigt sich hier zu deutlich, als daß ein Wort der Erwiderung angebracht wäre.

Auf die politische Begründung, die Sermoise der Heiligsprechung Jeanne d'Arcs im Jahre 1920 gibt, in der er ein politisches Arrangement zwischen Frankreich und dem Vatikan sieht, gehen wir nicht ein. Das ist ein Kapitel der neueren Kirchengeschichte und gehört nicht in die Biographie Johannas.

Johanna zu Pferde. Bronzestatuette, 15. Jahrhundert. Musée Cluny, Paris

Kaum eine andere Gestalt der Geschichte ist in der Literatur so häufig und vielfältig behandelt worden wie Jeanne d'Arc, in Volkslied, Ballade, Melodram – von Pantomime und Oper abzusehen – bis zur großen epischen und besonders dramatischen Dichtung. Darüber gibt es umfangreiche Abhandlungen, in denen über die oft seltsamen Metamorphosen, welche die Heldin durchmacht, referiert wird.[157] In den wenigsten Fällen halten sich die Dichter an die geschichtliche Realität – bedeutendstes Beispiel: Schillers romantische Tragödie. Dabei ist Johannas Individualität und ihr Schicksal stärker als jede freie dichterische Erfindung, die sich darüber hinwegsetzt. Aber eine solche Betrachtung gehört ins Gebiet der Literaturgeschichte und liegt außerhalb einer biographischen Darstellung, so daß wir uns im wesentlichen damit begnügen können, jene literarischen Werke zu erwähnen, die, zum mindesten ihrer Absicht nach, dem historischen Stoff nahe bleiben.

Die erste dramatische Dichtung ist das anonyme «Mystère du siège d'Orléans», das von den Bürgern von Orléans im Freien aufgeführt wurde. Obwohl handschriftlich erst um 1470 nachgewiesen, stammt es aus der Zeit bald nach Johannas Hinrichtung. Es ist ein volkstümliches Bühnenstück von riesigem Umfang und mit einem unübersehbar reichen Personenbestand, in dem sämtliche Großen der französischen und englischen Seite in umständlichen Dialogen zu Worte kommen. Johanna selbst verblaßt darin fast zu einer puppenhaften Märtyrerin, die mit dem Zierat antiken Heldenrüstzeugs behängt ist. In derselben Zeit hat der bedeutendste Dichter des französischen Spätmittelalters, François Villon, in seiner Ballade «Dames du temps jadis» (Damen der Zeit von einst) in elegischem Rückblick der großen Frauengestalten der Vergangenheit gedacht und ihnen auch Johanna an die Seite gestellt:

> Et Jehanne la bonne Lorraine
> qu' Anglois brûlerent à Rouen –
> où sont-ilz, Vierge souveraine?
> Mais où sont les neiges d'antan?[158]

Die Renaissance-Dramatiker des folgenden Jahrhunderts haben aus dem vorhandenen Chronikmaterial eine konventionelle Heldin, der jede Ursprünglichkeit fehlt, konstruiert und, ohne ihrer Taten gebührend zu gedenken, kunstvolle Tragödien nach klassischem Muster auf die Bühne gestellt.

Das verzerrte Gegenbild zu der frommen und tugendhaften Kriegerin entwarf Shakespeare, dessen Autorschaft an dem Stück zwar umstritten ist, in «Heinrich VI.». Die Jungfrau erscheint hier als schamlose Zauberin und Hexe, die Schwangerschaft vortäuscht, um dem Scheiterhaufen zu entgehen.

Den Ausschlag nach der anderen Seite vollzog Mitte des 17. Jahrhunderts Jean Chapelain mit seinem heroischen Gedicht «La Pucelle ou la France délivrée» (Die Jungfrau oder das befreite Frankreich), einem schwülstigen barocken Versepos, reich an Übersinnlichem und Allegorischem, in dem zugleich die patriotischen Momente, die Bindung an den Staat, erstmals in den Vordergrund gestellt werden. – Das idealisierte Bild von Ruhm und Größe reizte Voltaire, den Rationalisten und Kirchenfeind, die «Pucelle d'Orléans» als derbe Stallmagd und erbarmungswürdige Halluzinantin darzustellen, deren Hauptleistung darin liegt, ihre Keuschheit gegen die groben oder lüsternen Männer zu verteidigen. Dabei ging es ihm weniger um die Verunglimpfung Johannas als um die Verhöhnung der Kirche. Immerhin gab er sie damit im Frankreich der Revolution der Lächerlichkeit preis und trug dazu bei, ihr Andenken eine Zeitlang zu verdunkeln.

Dagegen konnte auch der dichterisch schwache Versuch, die Jungfrau aufs neue zur Lichtgestalt zu verklären, den der englische Lyriker Robert Southey 1796 mit seinem Epos unternahm, nicht aufkommen; ebensowenig wie es ihm gelang, einen überzeugenden Zusammenhang zwischen der Volksheldin und den Ideen der Französischen Revolution herzustellen.

Die bedeutendste Dichtung des 19. Jahrhunderts zu dem Thema ist Schillers «Jungfrau von Orleans». Doch der Historiker Schiller ist aus poetischen Erwägungen und Rücksichten der brutalen Wirklichkeit zugunsten einer sentimentalen Erfindung ausgewichen. Seine Heldin stirbt siegend in der Schlacht.

Eine Fülle von Jeanne d'Arc-Dichtungen bringt das 20. Jahrhundert. Hier sind zunächst die katholischen Dichter Frankreichs zu nennen: Charles Péguy mit seinem Mysterium der Menschenliebe, Paul Claudels Oratorium «Johanna auf dem Scheiterhaufen», das Arthur Honegger vertonte, und Georges Bernanos' «Johanna, Ketzerin und Heilige». Die entscheidende Wende aber wurde durch George Bernard Shaw herbeigeführt, der in seiner dramatischen Chronik «Die heilige Johanna» als erster die Geschichte ernst nahm. Er hat den Text der Prozeßakten – in einem Epilog verwendet er auch die von 1456 – zu großen Teilen wörtlich benutzt, und sein Hang zur Ironie, der sich hier nur darin äußert, daß er Johanna wie ein Mädchen unserer Tage behandelt, hat ihn nicht daran gehindert, die Lauterkeit, die Genialität und die Tragödie des Mädchens aus Domremy zu erkennen und darzustellen.

Eine gezwungen wirkende Modernisierung nahm Bertolt Brecht vor,

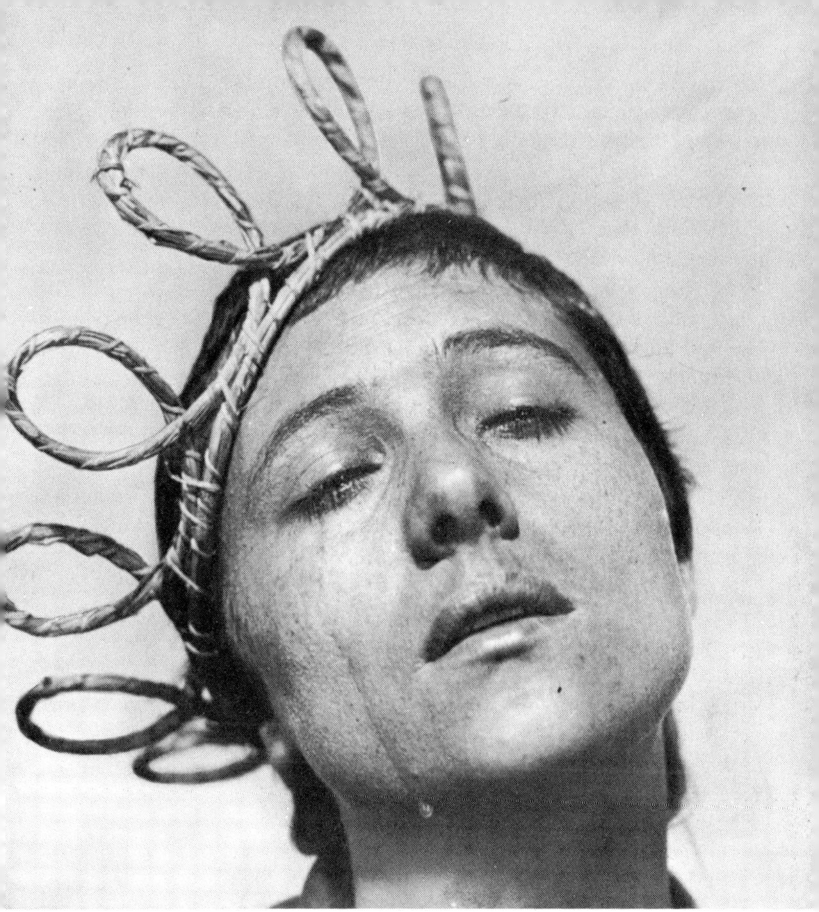

Maria Falconetti in der Titelrolle des Films «Johanna von Orléans» (Regie: Carl Theodor Dreyer)

als er 1929 in «Die heilige Johanna der Schlachthöfe» ein Heilsarmeemädchen an die Fronten des Klassenkampfes in Chicago schickte und sie mit einem Bekenntnis zur radikalen Revolution sterben ließ. Der Stoff fesselte ihn jedoch derart, daß er sich danach noch in zwei anderen Stücken mit ihm befaßte. In «Die Gesichte der Simone Machard» (1943), das während der französischen Widerstandsbewegung um 1940 spielt, ist das echte Bild Johannas gegenwärtig, wenn auch nur in den traumhaften Gesichten des Dienstmädchens Simone, die in einer Irrenanstalt endet. Unmittelbar in die geschichtliche Wirklichkeit führt dann sein, auf einem

Hörspiel von Anna Seghers basierender, dramatischer Dokumentarbericht «Der Prozeß der Jeanne d'Arc zu Rouen 1431» (1952). Ähnlich wie in Shaws dramatischer Chronik spricht hier Johanna mit ihren eigenen Worten, eine kecke und aufsässige Freiheitskämpferin, hinter der die gläubige Visionärin zurücktritt.

Erwähnt seien immerhin die Versuche des Österreichers Max Mell und des Amerikaners Maxwell Anderson, die Gestalt der Jungfrau in Spielhandlungen, die sich in gewisser Distanz von der Wirklichkeit halten, sichtbar zu machen. Das einzige Stück aber, in dem sich Poesie und Historie zu einer bezaubernden Einheit verbinden, ist Jean Anouilhs «L'Alouette» (Johanna oder die Lerche). Vor den Richtern erlebt Johanna in der Rückschau nochmals ihr Dasein, mit dem Höhepunkt der Krönung zu Reims. «Das wahre Ende der Geschichte Jeannes ist fröhlich.» Wie eine Lerche schwebt sie über dem Himmel Frankreichs.

Daß sich auch der Film des Stoffes bemächtigt hat, ist nicht wegen einiger amerikanischer Monsterstreifen erwähnenswert. Erinnert werden soll einzig an die denkwürdige Darstellerin Johannas in Carl Theodor Dreyers, nur Großaufnahmen von Köpfen und Gesichtern zeigendem, Stummfilm von 1928: an die unvergeßliche Maria Falconetti.

JEANNE D'ARCS PERSÖNLICHKEIT UND GESCHICHTLICHE ROLLE

Es gibt zahllose Bilder und Statuen der Jeanne d'Arc, aber ein unbedingt glaubwürdiges Porträt ist nicht auf uns gekommen. Sie selbst hat auf die Frage im Prozeß, ob je ein Bild von ihr gemacht worden sei, gesagt, sie kenne nur eines, auf dem sie kniend dem König einen Brief überreicht; sie habe es in Arras in der Hand eines Schotten gesehen und habe es ähnlich gefunden. Doch hat man dieses Bild bisher nicht entdeckt.

So müssen wir uns an ihre Zeitgenossen halten, insbesondere an diejenigen, die sie gekannt haben. Aus den Schilderungen, die sie von ihrem Äußeren geben, wissen wir, daß sie ein kräftiges Mädchen war, gedrungen, aber gut gewachsen, mit bäuerlichem Gesicht, dunklem Haar und üppiger Brust – von der d'Aulon sagt, daß er sie bei manchen Gelegenheiten mit Vergnügen gesehen habe. Er nennt sie auch schön und groß, und Perceval de Boulainvilliers – der sie nicht persönlich gekannt hat – verleiht ihr sogar das Attribut «elegant». Aber dem widersprechen alle anderen Zeugen. Keiner sonst hat von ihrer Schönheit gesprochen, und mehrere haben sie als klein von Gestalt beschrieben. Objektiv wirkt die Feststellung ihres Arztes Guillaume de la Chambre, sie sei sehr schmal in den Hüften gewesen.[159] Wiederholt wird ihre männliche Haltung hervorgehoben.

Psychologische Charakteristiken lagen nicht im Stil ihrer Zeit. Doch können wir uns aus ihren Worten, ihren Handlungen und ihrem gesamten Verhalten eine Vorstellung von ihrer Persönlichkeit machen. Dabei zeigt sich, daß sie bei aller Kraft und Robustheit keineswegs weiblicher Züge, ja eines gewissen Charmes entbehrte. «Sie war sehr subtil, von einer weiblichen Subtilität», sagte ihr Richter Jean Beaupère[160], und der Augustinermönch Philipp von Bergamo war nicht der einzige, der ihre sanfte Stimme, «nach Art der Frauen ihres Landes», rühmte.[161]

Wie ihre Stimme waren ihre Figur und Sensibilität die eines jungen Mädchens, wofür das Französische das nicht entsprechend übersetzbare Wort «pucelle» hat, dem nach einer schönen Bemerkung von Gerhard Storz eine frische Natürlichkeit innewohnt, die eines zärtlichen Beiklangs nicht entbehrt.[162] Wenn sie in der Renaissance zu einer klassischen Heroine hochstilisiert und schon früher mit den alttestamentarischen Gestalten Deborah, Judith, Esther verglichen oder eine Amazone genannt wurde, so ist ihr Wesen damit gründlich verzeichnet. Von alldem hatte sie nichts.

Sie lachte gerne und weinte nicht selten, ja sie «floß über von Tränen» – beim Gebet, bei der Beichte, beim Anblick der Gefallenen, aber auch, wenn sie verwundet wurde. Sie war lebhaft und fröhlich, liebte den

Verkehr mit Kriegsleuten und vornehmen Herren und zeigte dabei Züge weiblicher Koketterie. Offenbar hat sie auch eine erste Liebe gehabt, denn als Sechzehnjährige mußte sie sich vor einem Gericht in Toul gegen die Behauptung eines jungen Mannes wehren, sie habe ihm ein Heiratsversprechen gegeben. Im Prozeß rühmte sie sich ihrer Fertigkeiten im Nähen und Spinnen. Sie hatte eine Vorliebe für schöne Pferde und prächtige Kleidung, was ihr der Erzbischof von Reims einmal vorwarf; ihre Rüstung war innen ganz mit roter Seide gefüttert. Sie war gesund, aß wenig und trank nur selten Wein, den sie überdies mit Wasser verdünnte. Sie hielt starke Strapazen aus und hatte überhaupt nichts Krankhaftes oder gar Dämonisches an sich; die Richter haben vergeblich versucht, sie auf dies schlüpfrige Terrain zu locken.

Merkwürdig ist, daß von ihr keine sexuelle Anziehungskraft ausging, was mit der Scheu vor ihrer Jungfräulichkeit oder dem Respekt vor ihrer Sendung nicht hinreichend erklärt ist. Aber ob es ihr Freund, der Herzog von Alençon, ihr Leibwächter d'Aulon ist oder andere, die manchmal nachts an ihrer Seite schliefen – alle beteuern, daß sie, die ihren guten Wuchs und ihre schönen Brüste wohlgefällig wahrnahmen, nie eine Begierde gespürt und nach ihr als Weib verlangt hätten. Man wird sich hier des von d'Aulon überlieferten Untersuchungsergebnisses erinnern, daß sie nicht von der «geheimen Krankheit der Frauen» befallen wurde.

Ungewöhnlich war ihre Klugheit und Schlagfertigkeit, ihre «blitzende Intelligenz», um das Wort Thomas de Quinceys zu gebrauchen. Ebenso ihr erstaunliches Gedächtnis, das sie öfter als einmal vor den Richtern bewies. Viele ihrer Antworten kann man nicht ohne Bewunderung ihrer überlegenen Geistesgegenwart und jugendlichen Frische, ohne Rührung oder ein zärtliches Lächeln lesen. So demütig sie sich zu Gott bekennt, so keck und humorvoll kann sie spitzfindigen Fragen begegnen. So, wenn sie auf die Frage, ob der heilige Michael Haare habe, sinngemäß antwortete: *Warum sollte man sie ihm abgeschnitten haben?* In einer der für sie gefährlichsten Situationen vor dem Inquisitionsgericht sagte sie zu dem Notar Boisguillaume, dem sie einen Irrtum nachwies, wenn es noch einmal vorkomme, werde sie ihn am Ohr ziehen, was selbst unter den ernsten Herren ein Gelächter auslöste.[163] Ihr Arzt Jean Tiphaine fragte sie, ob sie jemals in einem Gefecht gewesen sei, bei dem Engländer getötet wurden. Ihre Antwort, spöttisch und selbstbewußt: *Bei Gott, aber ja! Wie lieblich ihr redet! Warum gingen sie nicht aus Frankreich hinaus und in ihr eigenes Land!*[164]

Für ein junges, ungelehrtes Mädchen vom Lande sind das gewiß ungewöhnliche Eigenschaften, aber die Spannungen ihrer sehr komplexen Persönlichkeit lassen sie noch nicht erkennen. Erinnern wir uns: Die kleine Jeannette, fromm, fleißig, sanftmütig, ihren Stimmen hingege-

Johanna. Kupferstich, 16. Jahrhundert

ben, wird in unwahrscheinlich kurzer Zeit zur Kriegerin, deren Energie, physischer Mut, ungestümer Tatendrang die Soldaten mitreißt und den Feldherren und Diplomaten manchmal fast lästig ist. Es ist bezeugt, daß sie im Gefecht immer vorne war und, wenn es den Rückzug zu decken galt, als letzte standhielt. Dabei besaß sie durchaus nicht die Gewißheit, daß sie nicht fallen werde.

Also doch eine Amazone? Trotz allem, das war sie nicht. *Meine Fahne war mir viel, viel lieber als mein Schwert. Ich trug die Fahne immer selbst, wenn ich den Gegner angriff, um zu vermeiden, einen zu töten. Niemals habe ich einen Menschen getötet.*[165] So zweifellos sie der Sphäre

Johanna bei der Befreiung von Orléans. Gemälde, 19. Jahrhundert

Ohne Kitsch geht es nicht: «Johanna hört die Stimmen der Heiligen». Gemälde von J. E. Lenepveu

Johanna. Illustration aus einem Buch über berühmte Frauen, 15. Jahrhundert. Bibliothèque Municipale, Grenoble

des Heroischen zugehört, so unberührt bleibt davon ein Grundzug ihres Wesens: Erbarmen und großherzige Güte. Da ist der todwunde englische Soldat, dessen Kopf sie in den Schoß nimmt und dem sie den letzten Trost spendet. Und noch im letzten Moment, schon in den Flammen, dachte sie nicht an sich, sondern an den Mönch, der ihr bis zum Ende beistand, und den sie bat, sie nun zu verlassen.

Zu dieser noblen Selbstlosigkeit gehört ihr völliger Mangel an Egoismus. Weder am Königshof von Chinon noch später hat sie je das Geringste für sich gefordert. Jede Verherrlichung ihrer Person war ihr zuwider. Sie lehnte es ab, als Wundertäterin zu gelten und wies die Frauen, die die Hufe ihres Pferdes berühren wollten, unwillig zurück. So kann sie auf die Ermahnung eines Geistlichen, vor Abgötterei auf der Hut zu sein, gelassen antworten: *Wahrhaftig, ich wüßte nicht, wie ich mich davor hüten könnte, wenn Gott mich nicht behütete.*[166]

War sie eine Heilige, eine Mystikerin? Beides trifft für sie nicht ganz zu. So sehr sie bestrebt war, Gottes Willen zu erfüllen, so tat sie es ja nicht in einsamer Meditation oder im Bemühen, den Forderungen der christlichen Lehre nachzukommen. Ihr ganzer Wille richtete sich auf die Erreichung eines militärischen und politischen Ziels. Eine Kriegsheilige, wie George Bernard Shaw, auf die in dem Wort liegende Paradoxie deutend, sie nennt. So wird man in ihr am ehesten eine Prophetin sehen können, die zur Märtyrerin wurde.

Prophetin – das wirft nochmals die Frage nach ihren Stimmen und Visionen auf, in denen wir, es wurde schon gesagt, die Projektionen ihrer eigenen Wünsche und Ziele erkennen. Wie unbewußt ihr das war zeigt ihre Reaktion und die Reinheit ihrer Seele beim ersten Auftreten der Stimmen: das Kind fürchtete sich vor dem plötzlichen, übernatürlich erscheinenden Phänomen. Erst später entwickelte sie die habituelle, fast familiäre Beziehung zu ihren Heiligen, behielt aber gleichwohl immer ihren klaren Verstand, ihre verblüffende Vernünftigkeit.

Was sich rationaler Erklärung nie ganz erschließen wird ist die Tatsache, daß sie imstande war, den Enthusiasmus ihres Sendungsglaubens auf ihre Mitstreiter zu übertragen. Gewiß befand sie sich in einer, von ihr unbewußt genutzten, Übereinstimmung mit den kollektiven, politischen und religiösen Stimmungen und Strömungen ihrer Zeit und Umwelt. Doch bleibt das Wunder, daß ein Bauernmädchen, von Mitleid mit dem König und dem Elend ihres Volkes ergriffen, klarer als die Großen des Landes erkannte, was in der verzweifelten Situation zu tun war.

Leichter zu beantworten ist die Frage nach der Rolle, die sie geschichtlich gespielt, nach der Bedeutung des Einflusses, den sie auf den Gang der Ereignisse ausgeübt hat. Die Antwort kann nicht umhin, den Mythos, den man um sie gewoben hat, kritisch zu betrachten, wie das unsere Darstellung deutlich gemacht haben sollte. Vielfach hat man sie in der Literatur zum Oberbefehlshaber oder doch zu einer Art von militärischem Führer gemacht. Aber ihr Name findet sich in keinem Armeeregister, sie hatte keinen militärischen Rang und sie hat niemals ein wirkliches Kommando innegehabt. Die außerordentliche Wirkung, die sie an der Spitze der Truppen auf diese ausübte, wurde eine Weile von der königlichen Regierung unterstützt, bis die Visionärin nicht mehr in ihr politisches Konzept paßte. Schon vorher hatte sie öfters den Widerstand der Militärs zu spüren bekommen, und zu den strategischen Beratungen wurde sie, mit einer einzigen Ausnahme, nicht zugezogen.

Ob sie, wie das bei vielen, namentlich französischen Autoren der konversativen Richtung zu lesen ist, Frankreich gerettet hat? Das läuft

Jeanne d'Arc in heroischer Pose. Lavierte Zeichnung von Jean Auguste Dominique Ingres

auf die Überlegung hinaus, wie die Geschichte, hätte es Jeanne d'Arc nicht gegeben, verlaufen wäre – eine sinnlose Überlegung, da das Geschehene, die Geschichte, irreale Vermutungen gegenstandslos macht.

War sie, wie Friedrich Sieburg meinte, die Begründerin des Nationalismus und seiner Gefahren, ja die Initiatorin eines religiösen Imperialismus?[167] Das ist genau so falsch gesehen, wie Shaw es tat, als er sie zur ersten Protestantin erklärte. Richtig ist, daß sich bei ihr religiöse und patriotische Gefühle vermischten, daß für sie das französische Reich gleichbedeutend mit dem Reich Christi und der französische König der Beauftragte Gottes war. Aber die Nation in unserem Sinne gab es während des feudalen Zeitalters nicht. Was sie beflügelte war die Liebe zu ihrem Land und das Mitleid mit dem Dauphin, in dem sie Frankreich verkörpert sah. Erst nach 1870 hat man sie in Frankreich zum Symbol des kämpferischen Nationalismus erhoben, und im Ersten Weltkrieg haben dann Maurice Barrès und Léon Bloy sie für ihre chauvinistischen Haßgefühle in Anspruch genommen.

Ebensowenig war sie eine Vorläuferin des Protestantismus. Sie verweigerte sich zwar dem priesterlichen Anspruch, sich zwischen sie und Gott, mit dem sie sich in unmittelbarem Kontakt fühlte, zu stellen. In diesem einzigen Punkt – so sahen es die Richter vom Standpunkt des Dogmas zu Recht – stellte sie das eigene, sich auf Gott berufende, Urteil eines einzelnen Sterblichen gegen die in Jahrhunderten erprobte Weisheit und Erfahrung der Kirche. Aber trotzdem fühlte sie sich als gläubiges Kind der christlichen Kirche, an deren Bestand und Zustand zu rütteln ihr nie in den Sinn gekommen wäre. Es war ihr singulärer Fall, ihre Einsamkeit mit Gott, für die sie bis zuletzt einstand.

Als der Regisseur Robert Bresson gefragt wurde, ob sein Film «La Passion de Jeanne d'Arc» (1962) zur Erklärung für Wesen und Wirkung der Heldin beitrage, gab er zur Antwort: «Größe erklärt man nicht, man versucht, sich nach ihr zu richten.»[168]

ANMERKUNGEN

Die Hauptquelle für die Geschichte der Jeanne d'Arc sind die Protokolle des Verurteilungs- und des Rehabilitationsprozesses.

Die Urschrift des Verurteilungsprozesses war Französisch abgefaßt und wurde mehrere Jahre später von Thomas de Courcelles und Guillaume Manchon ins Lateinische übersetzt. Von den authentischen Ausfertigungen liegen eine in der Bibliothek der Assemblée Nationale, zwei in der Bibliothèque Nationale in Paris. Von den 120 Seiten des Textes tragen 111 die Unterschrift der offiziellen Notare; die neun Seiten, die die Nachverhörsverhandlung betreffen, sind ohne deren Signatur.

Die Protokolle des Rehabilitationsprozesses sind uns in zwei Exemplaren in der endgültigen lateinischen Fassung überliefert, von denen eines in der Bibliothèque Nationale, das andere im British Museum aufbewahrt wird.

Die Texte beider Prozesse hat Jules Quicherat 1841 bis 1849 in seinem fünfbändigen Werk «Procès de condamnation et de réhabilitation de Jeanne d'Arc . . . mit einem Anhang aller erreichbaren historischen Dokumente, mit Notizen und Erklärungen» veröffentlicht. Als Grundlage jeder johannischen Forschung ist dieses Werk noch heute maßgebend. Im folgenden wird es unter der Abkürzung Qu zitiert.

Vom Verurteilungsprozeß gibt es einige französische Übersetzungen (Pierre Champion, Robert Brasillach). Eine deutsche Übersetzung beider Prozesse hat erstmals Ruth Schirmer-Imhoff 1956 vorgelegt. Der Verfasser hat sie häufig herangezogen und mehrfach dankbar benutzt.

1 Qu I,46
2 Qu I,51
3 Qu I,46 f
4 Qu II,421
5 Qu II,420
6 Qu I,67
7 Qu I,65 f
8 Qu I,131 f
9 Qu I,52
10 Qu I,53
11 Vgl. insbesondere Jos. Zürcher «Jeanne Darc. Vom psychologischen und psychopathologischen Standpunkt aus». Leipzig 1895
12 Anatole France: «Das Leben der heiligen Johanna». (Deutsch von Fr. M. Zweig.) Nürnberg 1946. S. 43
13 Jacques Cordier: «Jeanne d'Arc». (Deutsch von Eva Rapsilber.) Wiesbaden 1966. S. 91
14 Qu III,219
15 Béla Horváth in «Zeitschrift für öffentliches Recht» Bd. 32. Wien 1942/43. – Vgl. Benno Hilliger: «Jeanne d'Arc». Freiburg i. B. 1949. S. 243 f
16 Qu II,444

17 Qu II,436
18 Ebd.
19 Pierre Champion: «Procès de condamnation de Jeanne d'Arc». Paris 1920. Bd. II, S. 34f
20 Qu I,55
21 Régine Pernoud: «Jeanne d'Arc par elle-même et par ses témoins». Paris 1962. S. 48
22 Qu II,437
23 Qu II,438
24 Qu I,75f
25 Qu III,115
26 Qu I,56
27 Qu III,16f
28 Qu III,103
29 Champion, a. a. O., Bd. II, S. 72f
30 Ebd., S. 306f
31 Qu IV,258
32 Qu III,91
33 Qu III,204; ferner Eberhard von Windecken, zit. n. Qu IV,487f
34 Qu III,74
35 Champion, a. a. O., S. 145
36 Ebd., S. 35, 56
37 Qu III,209f
38 Qu III,391f
39 Qu V, 116f
40 Cordier, a. a. O., S. 97
41 Qu III,67f
42 Qu III,5f
43 Qu III,23f
44 «Journal du siège d'Orléans et du voyage de Reims», zit. n. Qu IV,95f
45 Qu III,212
46 Qu III,213
47 Qu III,107
48 Qu III,117
49 Qu III,109
50 Qu V,103
51 Qu III,422f, vgl. Cordier, a. a. O., S. 185f
52 Qu V,136f
53 Qu III,12
54 Ebd.
55 Qu III,95f
56 Qu IV,287f
57 Champion, a. a. O., S. 65f
58 «Journal du siège d'Orléans», zit. n. Qu IV,167f
59 Qu III,87
60 Qu V,126f
61 Qu III,14f; vgl. «Jeanne d'Arc. Dokumente ihrer Verurteilung und Rechtfertigung». Übersetzt und eingeleitet von Ruth Schirmer-Imhoff. Köln 1956. S. 192; ferner die anonyme «Chronique de la Pucelle», zit. n. Qu IV, 203f

62 Qu IV,382
63 «Le prétendu Bourgeois de Paris», zit. n. Qu IV,465
64 Qu I,146,262
65 Qu IV,30
66 Qu III,218
67 Cordier, a. a. O., S. 286
68 Qu III,23
69 Qu V,147f
70 Qu V,150f
71 Qu V,159f
72 Qu I,115f; vgl. Schirmer-Imhoff, a. a. O., S. 75
73 Georges Chastellain, zeitgenössischer Geschichtsschreiber, zit. n. Qu IV,446
74 Champion, a. a. O., S. 7f
75 Qu V,168
76 Qu I,96, 231
77 Qu I,150f
78 Qu I,152
79 Qu I,13
80 Champion, a. a. O., S. 12f
81 Qu I,45f
82 Qu II,332
83 Qu I, 56, 87, 177; vgl. Schirmer-Imhoff, a. a. O., S. 94
84 Qu I,65
85 Qu I,86f
86 Vgl. hierzu Cordier, a. a. O., S. 321
87 Qu I,48f
88 Qu I,58f
89 Qu I,68f
90 Qu I,80
91 Qu I,91f
92 Qu I,192f; vgl. Schirmer-Imhoff, a. a. O., S. 99f
93 Champion, a. a. O., S. 231f
94 Qu I,56
95 Qu I,75
96 Qu I,121
97 Qu I,142, 146
98 Champion, a. a. O., S. 306
99 Qu I,155f
100 Qu I,173f, 178, 184
101 Qu II, 349f
102 Qu I,326
103 Qu I,201
104 Qu I,376f
105 Qu I,386, 393, 398
106 Cordier, a. a. O., S. 339
107 Qu I,400
108 Qu I,430f, 441
109 L. Tanon: «Histoire des Tribunaux de l'Inquisition en France». Paris 1893. S. 251

110 Qu II,17
111 Qu I,452
112 Qu II,376
113 Qu I,455 f
114 Qu II,3 f, 7 f
115 Qu III,168 f
116 Qu I,478
117 Schirmer-Imhoff, a. a. O., S. 31
118 Qu III,169
119 Qu III,165
120 Georg Friedrich Eysell: «Johanna d'Arc, genannt die Jungfrau von Orléans». Regensburg 1864. S. 632
121 Qu V,321–324
122 Qu V,326 f
123 Qu V,331
124 Zit. n. Qu IV,281
125 Zit. n. Qu V,336
126 Qu V,336
127 Qu III,95; vgl. Schirmer-Imhoff, a. a. O., S. 160
128 Qu III,56 f
129 Qu III,53 f
130 Qu III,170
131 Qu III,129
132 Qu III,359 f
133 Vgl. zum folgenden: Yann Grandeau, «Jeanne insultée». Paris 1973, und Ruth Schirmer, «Johannas Wiederkehr» in: «Neue Zürcher Zeitung» vom 3. September 1963
134 André Guérin und Jack Palmer-White: «Johanna sagt euch ewig Lebewohl». Stuttgart 1963. S. 39, 208, 221 f
135 Qu II,418
136 So Theodor Fontane, der als Kriegsberichterstatter vor Johannas Elternhaus am 3. Oktober 1870 unter dem Verdacht der Spionage gefangengenommen wurde; s. Fontane: «Kriegsgefangen» in: «Sämtliche Werke» Bd. XVI. München 1962. S. 11
137 Qu II,455
138 Guérin und Palmer-White, a. a. O., S. 51
139 Siehe Anm. 32
140 Guérin und Palmer-White, a. a. O., S. 83
141 Ebd., S. 206
142 Qu I,46, 191
143 Guérin und Palmer-White, a. a. O., S. 123
144 Ebd., S. 63 f
145 Ebd., S. 154
146 Ebd., S. 153 f
147 Perceval de Cagny, zeitgenössischer Chronist, zit. n. Qu IV,36
148 Siehe Anm. 133
149 Guérin und Palmer-White, a. a. O., S. 158
150 Robert Anchel: «Crimes et Châtiments au 18ième Siècle». Paris 1933. S. 210
151 Guérin und Palmer-White, a. a. O., S. 158, 243

152 Qu I, 478, II,6, 377, III,53, 56, 90, 114, 158, 173, 202
153 Grandeau, a. a. O., S. 38f
154 Ebd., S. 33
155 Pierre de Sermoise: «Les Missions secrètes de Jehanne la Pucelle». Paris 1970. S. 255
156 Ebd., S. 268f
157 Siehe Bibliographie: Eduard von Jan und Gerhard Storz
158 «Und Johanna die gute Lothringerin / die die Engländer in Rouen verbrannten / wo sind sie, erhabene Jungfrau? / Aber wo ist der Schnee vom Vorjahr?» Zit. n. Qu V,91
159 Qu III,50
160 Qu II,21
161 Qu IV,523
162 Gerhard Storz: «Jeanne d'Arc in der Dichtung». In: Storz, «Figuren und Prospekte». Stuttgart 1963. S. 171
163 Qu III,201
164 Qu III,48
165 Qu I,78
166 Qu III,84
167 Friedrich Sieburg: «Gott in Frankreich». Frankfurt a. M. 1929. S. 36
168 Pernoud, a. a. O., S. 330

ZEITTAFEL

1412 (?) 6. Januar: Geburt der Jeanne d'Arc in Domremy
1428 Dezember: Johanna verläßt das Elternhaus
1429 Januar: Zusammentreffen mit Baudricourt in Vaucouleurs
12. Februar: Besuch beim Herzog Karl III. in Nancy
19. Februar: Abreise von Vaucouleurs nach Chinon
1. März: Ankunft in Chinon. Empfang durch Karl VII.
21. März: Abreise von Chinon nach Poitiers
22. März–11. April: Johanna vor der Untersuchungskommission
29. April: Einzug in Orléans am Abend
8. Mai: Befreiung von Orléans
18. Juni: Schlacht bei Patay
17. Juli: Krönung Karls VII. in Reims
1430 23. Mai: Gefangennahme Johannas in Compiègne
1431 9. Januar: Beginn des Prozesses in Rouen
21. Februar: Erste öffentliche Sitzung
10. März: Beginn der geheimen Verhöre
24. Mai: Die Abschwörung. Verurteilung zu lebenslangem Kerker
28. Mai: Der Rückfälligkeitsprozeß
30. Mai: Johanna wird auf dem Alten Markt zu Rouen verbrannt
1435 21. September: Vertrag von Amiens zwischen Frankreich und Burgund
1437 12. November: Karl VII. zieht in Paris ein
1449 29. Oktober: Rückeroberung von Rouen durch Karl VII.
1456 7. Juli: Urteilsverkündung des Ehrenrettungsprozesses
1909 18. April: Seligsprechung durch Pius X.
1920 16. Mai: Heiligsprechung durch Benedikt XV.

ZEUGNISSE

ENEA SILVIO PICCOLOMINI, der spätere Papst Pius II. (1405–64)
Johanna war ein bewundernswertes und erstaunliches Mädchen, welches das wankende und fast zerstörte Reich der Franzosen wieder aufgerichtet und den Engländern viele und schwere Niederlagen zugefügt hat. Als Anführerin der Männer hat sie unter den Scharen der Krieger ihre Keuschheit immer bewahrt, und nie hat man etwas Unrühmliches über sie vernommen. Ob es Gottes- oder Menschenwerk war ist schwer zu entscheiden.

HEINRICH VI., KÖNIG VON ENGLAND (1421–71)
Es ist allgemein bekannt, wie diese Frau, die sich Jehanne la Pucelle zu nennen pflegte, zwei Jahre und mehr gegen das göttliche Gesetz und den Stand des weiblichen Geschlechts wie ein Mann gekleidet umherging und vorgab, von Gott gesandt zu sein und in persönlicher Verbindung mit den Heiligen des Paradieses zu stehen. Dadurch hat sie das leichtgläubige Volk zu Aberglauben und Ketzerei verführt. Im Krieg hat sie die Soldaten angeführt und unmenschliche Grausamkeiten begangen. Aber Gott, voll Erbarmen mit den irregeleiteten Menschen, hat das elende Weib in unsere Hand gegeben, um darzutun, daß Sein Geist nicht in ihr sei.

THOMAS DE QUINCEY
Ihre kurze aktive Laufbahn stellt, obwohl wunderbar, nur den irdischen Teil ihrer Geschichte dar. Der spirituelle Teil ist ihre Passion: Gefangenschaft, Verhör und Hinrichtung.

NAPOLÉON BONAPARTE
Die erhabene Jeanne d'Arc bewies, daß der französische Genius in Augenblicken der Gefahr für die nationale Unabhängigkeit jedes Wunder bewirken kann.

CHARLES-AUGUSTIN SAINTE-BEUVE
Ergreifend und erhaben ist die Tatsache, daß die erste Eingebung dieses einfachen Mädchens unendliches Mitleid war, das sie mit der französischen Heimat und dem Dauphin, der sie symbolisierte, empfand. Johannas Eingebung war Mitleid; jedoch nicht das Mitleid einer weinenden und klagenden Frau, sondern das Mitleid einer Heldin, die sich zu einer Sendung berufen fühlt und die das Schwert ergreift, um zu helfen.

ANATOLE FRANCE
Man sah sie als kriegerische Jungfrau, als Hellseherin, Magierin, Engel des Herrn, als Ungeheuer: ein jeder im Volke sah sie auf seine Art, träumte sie nach eigenem Bild. Die Frommen liehen ihr unwiderstehliche Sanftmut und göttliche Barmherzigkeit, die Einfältigen machten sie einfältig, wie sie selber waren; wilde und grobschlächtige Männer stellten sie sich als schreckliche Kämpferin vor. Wird man jemals einige Züge ihres wirklichen Antlitzes erblicken?

George Bernard Shaw
Sie ist die große Kriegsheilige des christlichen Kalenders, der wunderlichste Kauz unter den exzentrischen Gestalten des Mittelalters. Obgleich erklärte und überaus fromme Katholikin, ja Anregerin eines Kreuzzugs gegen die Hussiten, war sie dennoch tatsächlich eine der ersten protestantischen Märtyrerinnen. Auch war sie einer der ersten Apostel des Nationalismus.

Jan Huizinga
Hätte es eines Wunders mehr bedurft, um die Heiligsprechung der Jeanne d'Arc zu rechtfertigen, so hätte man anführen können, sie sei im Stand gewesen, aus Shaws witzigem Gesicht die Grimasse hinwegzufegen und den ewigen Akrobaten am Trapez seines Geistes für einmal fest auf seine Füße, nein auf seine Knie zu zwingen.

Friedrich Sieburg
Jeder Weg in den Kern des französischen Wesens muß von Johanna ausgehen. – Johanna war Französin, das heißt, sie war vernünftig. Wunderbar ist nur ihr Aufbruch. Alles, was sie beschloß, war gescheit und gradlinig, es mußte gelingen.

Gerhard Storz
Je länger man ihr Bild betrachtet, desto mehr faltet es sich auseinander: keck und demütig, einfältig und hellsichtig, nüchtern und verzückt, gequält und unbeirrbar, und doch ist es das Bild eines Kindes – aber des Kindes, das von seiner Stimme also angeredet wurde «Jeanne-la Pucelle, fille de Dieu», Kind Gottes.

André Malraux
O Johanna ohne Grab und ohne Bild, du, die wußte, daß das Grabmal der Heroen das Herz der Lebenden ist.

BIBLIOGRAPHIE

«Wenn wir zu Johanna gelangen, wird die Flut der Bücher erdrückend, aber nur wenige verdienen, vom Historiker beachtet zu werden» (Édouard Perroy). In der Tat ist die Literatur über Jeanne d'Arc, wie der französische Mediävist schon 1945 feststellte, ins kaum noch Überschaubare angewachsen. Nicht leicht ist es freilich, die beachtenswerten Bücher herauszufinden. Da die vorliegende Darstellung nicht für Fachwissenschaftler gedacht ist, läßt sich der Verzicht auf Spezialuntersuchungen wohl rechtfertigen. Andererseits wird der Leser die Aufzählung zu allgemein gehaltener Darstellungen nicht vermissen und auch hinsichtlich der Jeanne d'Arc-Dichtungen sich mit der Nennung der wichtigsten begnügen. Unerläßlich hingegen war eine annähernd vollständige Übersicht über die Vertreter jener Hypothesen, mit denen wir uns in dem Kapitel «Die Anti-Legende» auseinandergesetzt haben.

1. Bibliographien

Lanéry d'Arc, Pierre: Bibliographie Jeanne d'Arc. Amsterdam 1970

Margolis, Nadia: Joan of Arc in history, literature and film: a select, annotated bibliography. New York 1990

2. Quellen

Brasillach, Robert: Le procès de Jeanne d'Arc. Paris 1941

Champion, Pierre: Procès de condamnation de Jeanne d'Arc. 2 Bde. Paris 1920

–: Notices des manuscrits du procès de réhabilitation de Jeanne d'Arc. In: Bibliothèque du XVe siècle, Bd. 37. Paris 1930

Duby, Georges: Le procès de Jeanne d'Arc. Paris 1973 – Dt.: Die Prozesse der Jeanne d'Arc. Berlin 1985

Duparc, Pierre: Le troisième procès de Jeanne d'Arc. In: Comptes rendus des séances (1978), 1–3, S. 28–41

Oursel, Raymond: Le Procès de condamnation de Jeanne d'Arc. Paris 1953

–: Le Procès de réhabilitation de Jeanne d'Arc. Paris 1954

Pernoud, Régine: Vie et mort de Jeanne d'Arc. Les témoignages du procès de réhabilitation 1450–1456. Paris 1953

–: Jeanne d'Arc par elle-même et par ses témoins. Paris 1962

Quicherat, Jules: Procès de condamnation et de réhabilitation de Jeanne d'Arc. 5 Bde. Paris 1841–1849

–: Aperçus nouveaux sur l'histoire de Jeanne d'Arc. Paris 1850 [Einführung in sein Hauptwerk]

Schirmer-Imhoff, Ruth: Jeanne d'Arc. Dokumente ihrer Verurteilung und Rechtfertigung 1431–1456. Köln 1956

–: Der Prozeß Jeanne d'Arc. Akten und Protokolle 1431–1456. München 1987

Tisset, Pierre, und Yvonne Lanhers: Procès de condamnation de Jeanne d'Arc. 3 Bde. Paris 1961–1971

Chroniken
Cagny, Perceval de – um 1436
Chronique de la Pucelle (anonym) – nach 1467
Journal du siège d'Orléans et du voyage de Reims (anonym) – um 1460
Monstrelet, Enguerran de – 1440–1453
[Die Texte der Chroniken sind enthalten in: Quicherat Bd. IV]

3. Biographische Arbeiten

Barante, Prosper de: Jeanne d'Arc. Paris 1935
Bloy, Léon: Jeanne d'Arc et l'Allemagne. Paris 1915
Bossuat, André: Jeanne d'Arc. Paris 1968
Calmette, Joseph: Vie de Jeanne d'Arc. Paris 1947
Clin, Marie-Véronique, und Régine Pernoud: Jeanne d'Arc. Paris 1986
Cordier, Jacques: Jeanne d'Arc. Sa personnalité. Son rôle. Paris 1948 – Dt.: Jeanne d'Arc. Ihre Persönlichkeit. Ihre geschichtliche Bedeutung. Wiesbaden 1966
Duhoureau, François: Jeanne d'Arc ou le mirade français. Paris 1939
Englebert, Omer: Vie de Jeanne d'Arc par elle-même. Paris 1940
Eysell, Georg Friedrich: Jeanne d'Arc, genannt die Jungfrau von Orléans. Regensburg 1864
Fabre, Lucien: Jeanne d'Arc. Paris 1948
France, Anatole: Vie de Jeanne d'Arc. 2. Bde. Paris 1908 – Dt.: Das Leben der heiligen Johanna. Nürnberg 1946
Görres, Guido: Die Jungfrau von Orléans. Regensburg 1834
Grandeau, Yann: Jeanne insultée. Procès en diffamation. Paris 1973
Grayeff, Felix: Joan of Arc. Legends and truth. London 1978
Hanotaux, Gabriel: Jeanne d'Arc. Paris 1911
Hilliger, Benno: Jeanne d'Arc. Das Geheimnis ihrer Sendung. Freiburg i. B. 1949
Hinzelin, Emil: Jeanne d'Arc. Paris 1929
Huizinga, Johan: Wege der Kulturgeschichte. München 1930, S. 171–207
Jan, Eduard von: Das literarische Bild der Jeanne d'Arc 1429–1926. In: Zeitschrift für Romanische Philologie, Beiheft 76, Halle 1928
–: Das Bild der Jeanne d'Arc in den letzten 25 Jahren. In: Romanistisches Jahrbuch 5, Hamburg 1953
Lamartine, Alphonse de: Jeanne d'Arc. Paris 1863
Lamy, Michel: Jeanne d'Arc. Paris 1987
Lang, Andrew: The Maid of France. London 1908
Luce, Siméon: Jeanne d'Arc à Domremy. Paris 1886
Lucie-Smith, Edward: Johanna von Orléans. Eine Biographie. Düsseldorf 1977
Mayer, Hans: Skandal der Jeanne d'Arc. In: ders.: Außenseiter. Frankfurt a. M. 1975, S. 42–67
Michelet, Jules: Jeanne d'Arc. In: Histoire de France Bd. V. Paris 1841
Moinot, Pierre: Jeanne d'Arc: le pouvoir et l'innocence. Paris 1988 – Dt.: Die Macht und die Unschuld. Frankfurt a. M. 1989
Pernoud, Régine: Jeanne d'Arc. Paris 1981
–: Jeanne et Thérèse. Paris 1984
Quincey, Thomas de: Joan of Arc. Edinburgh 1847
Rocolle, P.: Un prisonnier de guerre nommé Jeanne d'Arc. Paris 1982

ROST, WALTER: Die männliche Jungfrau. Das Geheimnis der Johanna von Orléans. Reinbek 1983
SACKVILLE-WEST, VICTORIA: Saint Joan of Arc. Toronto 1936 – Dt.: Die Jungfrau von Orléans. Leipzig 1937
SIEBURG, FRIEDRICH: Gott in Frankreich. Frankfurt a. M. 1929
SMITH, JOHN HOLLAND: Joan of Arc. London 1973
STEINBACH, HARTMUT: Jeanne d'Arc. Göttingen 1973
STOLPE, SVEN: Das Mädchen von Orléans. Das Schicksal der Jeanne d'Arc. Frankfurt a. M. 1954
STORZ, GERHARD: Jeanne d'Arc und Schiller. Eine Studie über das Verhältnis von Dichtung und Wirklichkeit. München 1946
–: Jeanne d'Arc in der europäischen Dichtung. In: Jahrbuch der Deutschen Schillergesellschaft 1962
ZÜRCHER, JOS.: Jeanne Darc. Vom psychologischen und psychopathologischen Standpunkt aus. Leipzig 1895

4. Schriften der Dissidenten

Vertreter der Bastard-Theorie

BANCAL, JEAN: Jeanne d'Arc, princesse royale. Paris 1971
BOSLER, JEAN: Jeanne d'Arc était-elle la sœur de Charles VII?. Marseille 1955
CAZE, PIERRE: La vérité sur Jeanne d'Arc ou éclaircissements sur son origine. 2 Bde. Paris – London 1819
FORLIÈRE, M. und L: Qui fut Jeanne d'Arc?. Paris 1947
JACOBY, JEAN: Le secret de Jeanne d'Arc, Pucelle d'Orléans. Paris 1932
–: La noblesse et les armes de Jeanne d'Arc. Paris 1937
–: Scènes de la vie de Jeanne d'Arc. Paris 1941
SCHNEIDER, ÉDOUARD: Jeanne d'Arc et ses lys. La légende et l'histoire. Paris 1952

Vertreter der Hypothese, Johanna sei nicht verbrannt worden

DAVID-DARNAC, MAURICE: Le dossier de Jehanne. Paris 1968
GRIMOD, JEAN: Jeanne d'Arc a-t-elle été brûlée?. Paris 1952
GUÉRIN, ANDRÉ, und JACK PALMER-WHITE: Operation Shepherdess. The mystery of Joan of Arc. London 1961 – Dt.: Johanna sagt euch ewig Lebewohl. Das Ende einer Legende. Stuttgart 1963
PESME, GÉRARD: Jeanne d'Arc n'a pas été brûlée. Angoulême 1964
SAINT-JEAN, JEAN DE: Jehanne 1407–1452. La Baule 1957
SERMOISE, PIERRE DE: Les missions secrètes de Jehanne la Pucelle. Paris 1970
WEIL-RAYNAL, ÉTIENNE: Le double secret de Jeanne la Pucelle, révélé par des documents de l'époque. Paris 1972

5. Zur mittelalterlichen Geschichte Frankreichs

BEAUCOURT, GASTON DU FRESNE: Histoire de Charles VII. 6 Bde. Paris 1881–1892
DEFOURNEAUX, MARCELLIN: Le vie quotidienne en temps de Jeanne d'Arc. Paris 1952
DUPONT-FERRIER, GUSTAVE: La formation de l'état français et de l'unité française. Paris 1934

Huizinga, Johan: Herbst des Mittelalters. München 1924
Jeanne d'Arc. Une époque, un rayonnement. (Colloque d'histoire médiévale, Orléans, octobre 1979) Paris 1982
Lavisse, Ernest: Histoire de France. Bd. III – IV. Paris 1909–1911
Lot, Ferdinand: La France des origines à la guerre de cent ans. Paris 1941
Perroy, Édouard: La guere de cent ans. Paris 1945
Tanon, L.: Histoire des tribunaux de l'inquisition en France. Paris 1893
Vallet de Viriville, Auguste: Histoire de Charles VII. 3 Bde. Paris 1862–1865

6. Jeanne d'Arc in der Dichtung

Christine de Pisan: Ditié de Jeanne d'Arc. Ein Preisgedicht	1429
Le mystère du siège d'Orléans (anonym)	um 1435
François Villon: Dames du temps jadis	1461
William Shakespeare (?): Heinrich der Sechste. Erster Teil	1592
Jean Chapelain: La Pucelle ou la France délivrée	1656
Voltaire: La Pucelle d'Orléans – Dt.: Die Jungfrau. 1920	1759
Robert Southey: Joan of Arc	1796
Friedrich Schiller: Die Jungfrau von Orleans	1801
Mark Twain: Personal recollections of Joan of Arc	1896
Charles Péguy: Le Mystère de la Charité de Jeanne d'Arc – Dt.: Das Mysterium der Erbarmung. 1954	1910
George Bernard Shaw: Saint Joan – Dt.: Die heilige Johanna. 1924	1923
Georg Kaiser: Gilles und Jeanne	1923
Bertolt Brecht: Die heilige Johanna der Schlachthöfe	1931
Die Gesichte der Simone Machard	1943
Der Prozeß der Jeanne d'Arc zu Rouen 1431	1952
Georges Bernanos: Jeanne relapse et sainte – Dt.: Johanna, Ketzerin und Heilige. 1949	1934
Paul Claudel: Jeanne au bûcher – Dt.: Johanna auf dem Scheiterhaufen. 1947	1939
Maxwell Anderson: Joan of Lorraine – Dt.: Johanna aus Lothringen. 1951	1947
Thierry Maulnier: Jeanne et les juges	1951
Jean Anouilh: L'Alouette – Dt.: Johanna oder Die Lerche. 1954	1953
Max Mell: Jeanne d'Arc	1956

7. Varia

Barstow, Anne Llewellyn: Joan of Arc: heretic, mystic, shaman. New York 1986
Bastaire, Jean: De Christine de Pisan à Jean Anouilh: Jeanne d'Arc à travers la littérature. In: Études cinématographiques 18–19 (1962), S. 11–31
–: Pour Jeanne d'Arc: petit traité d'incarnation. Paris 1979
Bauchy, Jacques-Henry: Une fête pas comme les autres. 550 ans de Fêtes de Jeanne d'Arc. Orléans 1979
Cardoze, Michel: Jeanne d'Arc: dossier non classé. Paris 1987
Clin-Meyer, Marie-Véronique: Introduction à l'histoire des sources de Jeanne d'Arc. Étude historiographique, bibliographique et critique. Paris 1984

CONTAMINE, PHILIPPE: Naissance d'une historiographie. Le souvenir de Jeanne d'Arc en France et hors de la France, depuis le «procès de son innocence» (1455–1456) jusqu'au début du XVIe siècle. In: Francia 15 (1987), S. 233–256
FARIN, MICHEL et al.: Carl Theodor Dreyers Jeanne d'Arc. München 1996
FISCHER, ULRICH: Der Fortschritt im Jeanne d'Arc-Drama des 20. Jahrhunderts. Bern, Frankfurt a. M. 1982
FRAIOLI, DEBORAH: The image of Joan of Arc in XVth Century French Literature. Syracuse University 1981
GRAUS, FRANTIŠEK: Jeanne d'Arc als Symbol Frankreichs. Die Jungfrau von Orléans im Spiegel der Geschichtsschreibung. In: Damals 12 (1980) 4, S. 343–356
HANAWALT, BARBARA A. et al.: Trial transcript, romance, propaganda: Joan of Arc and the French body politic. In: Modern language quarterly, 57 (1996) 4, S. 605–633
HYATTE, REGINALD: Laughter for the devil. The trials of Gilles de Rais, companion-of-arms of Joan of Arc (1440). London, Toronto 1984
KRUMEICH, GERD: Jeanne d'Arc in der Geschichte: Historiographie – Politik – Kultur. Düsseldorf (Habil.-Schr.) 1988 (Francia. Beih. 19); Sigmaringen 1989
LAGNY, MICHÈLE: L'image de Jeanne d'Arc en Lorrain (1870–1921). In: Annales de l'est 30 (1978) 1, S. 25–72
MARGOLIS, NADIA: Trial by passion: philology, film and ideology in the portrayal of Joan of Arc (1900–1930). In: The journal of medieval and early modern studies, 27 (1997) 3, S. 445–495
ODIN, ROGER: Jeanne d'Arc à l'école: essai sémiotique. Paris 1980
RIEGER, DIETMAR: Jeanne d'Arc, le roi et le peuple. La pucelle d'Orléans au dixneuvième siècle. In: Romanistische Zeitschrift für Literaturgeschichte, 20 (1996) 1–2, S. 157–176
–: Jeanne d'Arc und der Patriotismus. Zur Geschichte einer «belle image de livre de prix» von der Revolution zur Résistance. In: Romanistisches Jahrbuch, 36 (1985), S. 122–139
ROECKELEIN, HEDWIG (Hg.): Jeanne d'Arc oder Wie Geschichte eine Figur konstruiert. Freiburg i. Breisgau 1996
SCOTT, W. S.: The saint and the sceptics: Joan of Arc in the work of Mark Twain, Anatole France and Bernard Shaw. Detroit 1976
TANZ, SABINE: Jeanne d'Arc: spätmittelalterliche Mentalität im Spiegel eines Weltbildes. Weimar 1991
WARNER, MARINA: Joan of Arc : the image of female heroism. New York, London 1981
WIENKER-PIEPHO, SABINE: Frauen als Volkshelden: Geschichtlichkeit, Legendenbildung und Typologie. Freiburg i. Br. (Diss.) 1987; Frankfurt a. M., Bern 1988
WOESLER, WINFRIED: Literarische Gestaltung und Instrumentalisierung nationaler Mythen: Arminius und Jeanne d'Arc . In: Grabbe-Jahrbuch, 13 (1994), S. 68–98
WOOD, CHARLES T.: Joan of Arc and Richard III. Sex, saints and government in the middle ages. New York 1988
ULRICH, FRANZ: Eine Jungfrau für jede Jahreszeit. «Jeanne d'Arc»-Verfilmungen. In: Film-Dienst, 47 (1994) 18, S. 4–8

NAMENREGISTER

Die kursiv gesetzten Zahlen bezeichnen die Abbildungen

ÜBER DEN AUTOR

Herbert Nette, geboren am 14. März 1902 in Oberhausen (Rheinland). Studium der Geschichte, Germanistik und Rechtswissenschaft; Dr. jur., 1927 bis 1941 Feuilletonredakteur des «Darmstädter Tagblatts», 1941 bis 1943 der «Kölnischen Zeitung». 1946 bis 1949 Literarischer Leiter des Claasen & Roether Verlags, Darmstadt. 1950 bis 1953 Feuilletonredakteur der «Frankfurter Allgemeinen Zeitung». 1954 bis 1973 Cheflektor des Eugen Diederichs Verlags, Düsseldorf. Langjähriges Mitglied des PEN der Bundesrepublik (ausgetreten 1977). Herbert Nette starb am 22. September 1994.

Publikationen: «Die großen Deutschen in Italien» (1938); «Wort und Sinn. Von den Elementen der Sprache» (1946); «Adieu Les Belles Choses. Eine Sammlung letzter Worte» (1971); «Friedrich II. von Hohenstaufen in Selbstzeugnissen und Bilddokumenten» (1973); «Varia aus vier Jahrzehnten» (1975); «Jeanne d'Arc in Selbstzeugnissen und Bilddokumenten» (1977); «Karl V. in Selbstzeugnissen und Bilddokumenten»; Editionen aus Werken, Briefen und Tagebüchern von Goethe, Wilhelm von Humboldt, Lichtenberg. Viele Publikationen in Zeitungen, Zeitschriften und Sammelbänden.

QUELLENNACHWEIS DER ABBILDUNGEN

Bulloz, Paris: 9 / L. Falquet, Hull (Kanada): 6, 8, 10, 13, 18, 23, 27, 37, 45, 56, 59, 63, 66, 74, 84/85, 89, 123 / Giraudon, Paris: 17, 30/31, 32 (lauros), 52/53, 55, 58, 62, 64/65, 82, 88, 128, 138, 140 / Archiv für Kunst und Geschichte, Berlin: 28/29 / Archives Photographiques, Paris: 57 / Ullstein-Bilderdienst, Berlin: 69 (Klaus Lehnartz) / Rowohlt Archiv: 75 / Iny Bandy, Paris: 76 / Agnès Varda, Paris: 98 / Archiv für Kunst und Geschichte, Berlin: 114/115, 135, 136, 137, 141 / Deutsches Institut für Filmkunde, Wiesbaden-Biebrich: 131